会计基础理论与实践探索

张红蕊 樊 舒 吴 振◎著

中国出版集团 现代出版社

图书在版编目（CIP）数据

会计基础理论与实践探索 / 张红蕊，樊舒，吴振著
. -- 北京：现代出版社，2023.12
ISBN 978-7-5231-0675-4

Ⅰ. ①会… Ⅱ. ①张… ②樊… ③吴… Ⅲ. ①会计学
Ⅳ. ①F230

中国国家版本馆CIP数据核字(2023)第235297号

著　　者	张红蕊 樊　舒 吴　振
责任编辑	张　瑾

出 版 人	乔先彪
出版发行	现代出版社
地　　址	北京市安定门外安华里504号
邮政编码	100011
电　　话	(010) 64267325
传　　真	(010) 64245264
网　　址	www.1980xd.com
印　　刷	北京四海锦诚印刷技术有限公司
开　　本	787mm×1092mm　1/16
印　　张	11.5
字　　数	211千字
版　　次	2024年 7 月第1版　2024年 7 月第1次印刷
书　　号	ISBN 978-7-5231-0675-4
定　　价	58.00元

前　言

　　会计是商业和财务领域中至关重要的一个组成部分，它不仅为企业提供了一种跟踪和记录财务交易的方法，还为管理者、投资者、政府和其他利益相关方提供了有关企业财务状况的信息。会计基础理论与实践属于会计领域的两个核心组成部分，共同构建了一个既有理论依据又具有实践指导的框架，为有效的财务信息记录和决策提供支持。

　　基于此，本书以"会计基础理论与实践探索"为题，在内容安排上分为基础理论篇与实践教学篇：基础理论篇围绕会计特征与会计职能、会计对象与会计要素、会计核算与信息质量要求展开论述，探究会计科目与记账方法、主要经济业务的账务处理、账务处理程序与财务报表；实践教学篇研究会计实践教学模式及创新、多元化视域下会计实践教学。

　　本书将理论与实践相结合，以满足不同读者的需求。在内容上，注重了理论的精练性和实践性的强化。理论框架不仅提供了对会计基础和概念的深刻理解，还强调了实际经济业务的处理与实践，有助于读者建立坚实的理论基础，同时也能在实际工作中取得更好的表现。另外，本书注重章节之间的逻辑性和连贯性。通过精心设计的章节结构，确保内容的有机衔接，更好地帮助读者系统地理解和应用会计基础理论。逻辑性的安排有助于读者更容易跟随内容的发展，从而提高学习效率，确保所学知识的完整性。

　　作者在写作过程中，得到许多专家、学者的帮助和指导，在此表示诚挚的谢意。由于作者水平有限，加之时间仓促，书中所涉及的内容难免有疏漏之处，希望各位读者多提宝贵意见，以便进一步修改，使之更加完善。

目 录

基础理论篇

实践教学篇

基础理论篇

第一章　会计概论

第一节　会计特征与会计职能

一、会计特征

会计是以货币为主要的计量单位，运用一整套科学的专门方法，对企事业等单位的经济活动进行连续、系统、全面、综合的核算和监督，为会计信息的使用者提供有用的会计信息的一种经济管理活动。会计具有以下四个特征。

（一）以货币为主要计量单位

为了准确反映企事业单位的经济活动过程，会计需要使用三种不同的计量单位：①劳动计量单位；②实物计量单位；③货币计量单位。劳动计量单位可以使用工作日、工时等来衡量经济活动中的劳动投入。实物计量单位则采用千克、米、件等来度量物质资产的数量和规模。而货币计量单位则是以元、角、分等货币形式来衡量经济交易和价值。

在商品经济条件下，货币具有特殊的地位，它是所有商品的共同等价形式。通过使用统一的货币计量单位，可以更容易地比较不同种类的经济活动，包括活劳动和物化劳动，并以统一的形式综合计算各种经济活动的价值。这种统一的货币量度便于获取经营管理所必需的综合会计信息，也便于企事业单位更好地进行决策和控制。

尽管一些经济交易以实物或劳动单位进行度量和记录，但它们最终需要被折算为货币单位，以便进行全面的财务核算。这是因为货币作为被广泛接受的交换媒介，更准确地反映了经济价值和财务状况，使财务报告和比较分析更为便捷。因此，使用三种计量单位的会计方法能确保经济活动的准确记录和综合计算，为企事业单位提供必要的财务信息和决策支持。货币计量单位作为其中重要的一种，为各种经济活动提供了统一的度量标准，使不同类型的经济活动可以在同一个框架下进行评估和比较，进而实现有效的经营管理。

（二）以合法的原始凭证为核算依据

为确保会计记录和会计信息的真实性、可靠性和一致性，单位必须如实地反映经济业务并严格执行有关规定。这要求单位在记录经济业务时必须获取或填制合法的凭证，并按照国家统一会计准则的规定进行会计核算。

凭证是会计记录的基础，是反映经济业务的原始证明文件。单位在进行经济交易或活动时，要及时取得或填制与交易相符的凭证，如收据、发票、支票、合同等。这些凭证应包含必要的信息，如交易日期、交易金额、交易方式等，便于会计核算和审查。

在会计核算过程中，单位需要对原始凭证进行审核。这意味着会计人员会对凭证的合法性、真实性和准确性进行检查。他们会仔细审查凭证的内容，核对凭证上的信息是否与实际交易相符，并确保凭证的填制符合相关法规和会计准则的规定。

合法的原始凭证是会计核算的依据，也是保证会计记录和会计信息真实性的重要保障。单位应妥善保存原始凭证，并确保凭证的真实性和可追溯性，以备日后审计和核查。

遵循国家统一会计准则是确保会计记录和会计信息一致性的关键。国家统一会计准则规定会计核算的基本原则、方法和程序，单位需要遵循这些准则进行会计核算，确保会计核算的一致性。这样可以使不同单位的会计信息便于比较和理解，为决策提供准确依据。通过取得或填制合法的凭证，并按照国家统一会计准则的规定进行会计核算和凭证审核，单位能保证会计记录和会计信息的真实性、可靠性和一致性。这为内部管理、财务报告和外部审计等提供坚实的基础，有助于单位的经济决策和控制风险。

（三）具有连续性、系统性、全面性和综合性

为了确保会计记录和会计信息的准确性和完整性，会计需要遵循四个基本原则，即连续性、系统性、全面性和综合性。

第一，连续性。连续性要求会计记录必须按照业务发生的时间顺序逐笔、逐日进行，不能中断。这意味着无论是日常交易还是周期性交易，都必须及时记录和登记，确保经济业务的连续性和完整性。通过连续性原则，会计记录能反映出经济活动的时间顺序，使后续的分析和审查更加准确和可靠。

第二，系统性。系统性要求会计在反映经济业务时，将经济业务进行分门别类的登记和反映。这意味着不同类型的经济业务需要通过会计记录进行正确分类和归档，以利于分析和报告。根据系统性原则，会计能针对不同类型的交易和活动实施统一管理和分析，为决策提供可靠的财务信息。

第三，全面性。全面性要求会计在反映经济业务时，必须全面反映并分文不漏。这意味着会计记录应该涵盖所有与单位经济业务相关的交易和活动，不能遗漏任何重要的信息。通过全面性原则，会计能提供全面的财务信息，包括资产、负债、所有者权益、收入和费用等方面的信息，为全面的财务分析和决策提供支持。

第四，综合性。综合性要求会计将大量零散、分散的数据进行分类、汇总，用金额进行反映，以形成综合性的财务信息。这意味着会计需要对原始数据进行有效的整合和加工，以生成可理解可比较的财务信息。借助综合性原则，会计能将大量细节数据整合成综合性报表和财务指标，向决策者提供明晰的经济信息。

综合而言，连续性、系统性、全面性和综合性是会计记录和会计信息的基本原则。遵循这些原则能确保会计记录的真实性和完整性，提供准确的财务信息，支持企业的经营管理和决策制定。这些原则为会计工作提供了明确的指导，使会计信息成为企业管理的重要工具。

（四）具有一系列比较科学的核算方法

会计核算方法是一套经过国家法律、法规和体系指导的科学方法和程序，旨在确保会计核算信息的合法性、一致性和可比性。

第一，会计核算方法包括会计核算对象的确定。会计核算对象是指需要进行核算和记录的经济事项、经济业务或经济实体。根据国家规定和实际需要，单位应明确确定需要核算的对象，如资产、负债、所有者权益、收入、费用等，以便进行相应的会计处理和记录。

第二，会计核算方法还包括会计估计和会计分析等。会计估计指会计核算中，对于无法进行精确计量的经济事项，根据相关规定和会计原则进行估计和确认。会计分析是根据会计核算信息进行各种财务分析和比较，以揭示经营状况和财务状况的方法。

第三，会计核算方法涉及会计核算制度的建立和应用。会计核算制度属于国家会计核算规范的规定，包括会计核算政策、会计核算方法和会计核算程序等。单位要根据国家规定和自身情况建立适合的会计核算制度，并严格执行制度进行核算和记录，确保会计信息的准确性和可靠性。

第四，会计核算方法还涉及会计凭证的填制和会计账簿。会计凭证是会计记录的基础，是反映经济业务的原始证明文件。单位需要根据规定，按照凭证填制的要求和程序正确记录和登记经济业务，确保凭证的合法性和真实性。同时，会计账簿是对会计凭证进行汇总和分类的记录工具，单位需要根据会计核算方法建立相应的会计账簿，将核算对象的变动情况进行分类、汇总和记录。

会计核算方法旨在确保会计核算信息的合法性、一致性和可比性。国家根据这一目标制定了一系列法律、法规和制度，并规定了一套科学完整的专门核算方法。这些方法和规定有助于确保会计数据的准确性和可信度，以支持经济活动的透明度和监管。单位在进行会计核算时必须按照规定的核算方法进行，严格遵守会计核算制度，正确填制凭证，建立适当的会计账簿，进行会计估计和会计分析，以确保会计信息的准确性和可靠性。这些科学的核算方法为单位提供了规范的操作指南，使会计核算工作更加规范和科学。

二、会计职能

会计职能是负责记录、分类、总结和报告财务交易和经济活动的职位所涉及的任务和责任。

（一）核算职能

会计核算职能又称会计反映职能，是指会计以货币为主要计量单位，通过确认、记录、计量和报告等环节，从数量方面对特定主体的经济活动进行记账、算账和报账，为各方面提供会计信息的功能。它是会计最基本的职能，对经济实体的管理和决策具有重要意义。

会计核算的主要目的是将经济活动转化为会计记录，通过将实际发生的经济交易或事项以货币的形式进行记录，进而计算和总结，形成会计信息和财务报表。这样可以提供各方面需要的会计信息，包括财务状况、经营成果和现金流量等，帮助内部管理者做出决策、监督和评估经济活动，也为外部利益相关者提供有关经济实体的信息。

会计核算的过程包括记账、算账和报账等具体工作。记账是将经济交易或事项的发生进行记录，即将会计凭证按照一定的规则和程序进行登记和分类。算账是通过计算和核对会计记录的结果，形成经济业务的总量和变动情况，以便进行分析和比较。报账是将核算结果整理和报告，通过编制财务报表和其他会计报告，向内外部各方提供会计信息和财务状况的汇报。

在进行会计核算时，其记录和计量均以合法的会计凭证为依据。会计凭证是会计记录的原始依据，凭借其合法性和真实性，确保会计信息的可靠性和准确性。通过会计核算，经济活动的过程和结果能客观公正地被记录和反映。会计信息可为经济实体的决策和控制提供基础，为内外部利益相关者提供有关经济实体的信息。因此，会计核算作为会计最基本的职能，对企事业单位的经营和管理至关重要。

（二）监督职能

会计监督职能是指在进行会计核算的同时，会计人员对特定主体经济活动的合法性、合理性进行审查和监督的职责。会计监督贯穿经济活动的全过程，包括事前监督、事中监督和事后监督。

第一，事前监督。事前监督是指会计部门在参与编制各项计划和费用预算时，依据国家的法律、法规和制度，对未来经济活动的可行性、合理性和合法性进行审查。会计人员会对计划中的经济活动进行分析和评估，确保其符合财务管理的要求和合规性。他们会审查计划的预算、资金来源、项目合理性等，提出意见和建议，以保证经济活动的合规性和经济效益。

第二，事中监督。事中监督是指在日常会计核算过程中，会计人员对已发现的问题提出解决方法和建议，促使有关部门采取措施，调整经济活动。会计人员会密切关注经济活动的进行，发现可能存在的问题、风险和错误，并及时提出解决方案和改进意见。他们会与相关部门合作，共同推动问题的解决，确保经济活动的合法性和合理性。

第三，事后监督。事后监督是指对已发生和已完成的经济活动的合法性和合理性进行检查、分析、考核和评价。会计人员会对已经完成的经济活动进行核算和比较分析，审查相关凭证和记录，以验证其合法性和准确性。他们会评估经济活动的财务状况、成本效益、风险控制等方面，并提出改进意见和建议，以推动经济活动的持续改进和发展。

通过会计监督职能，会计人员能及时发现和解决经济活动中的问题，以确保经济活动的合法性、合理性和规范性。他们在财务管理中扮演着重要的角色，为企事业单位提供专业的监督和指导，以确保经济活动的正常运行和财务信息的可靠性。会计监督职能对增进经济活动的透明度、规范性和可持续发展具有重要意义。

（三）会计核算与会计监督的关系

会计核算和会计监督是会计工作中两个基本职能，它们之间存在密切的关系、相辅相成、辩证统一。

第一，会计核算职能是会计的首要职能，它是会计信息产生的基础。通过会计核算，经济活动得以记录、计量和报告，形成财务报表和其他会计信息。会计核算的质量直接影响着会计信息的准确性和可靠性，对企事业单位的经营和决策具有重要意义。会计核算为会计监督提供了基本的信息来源和依据，使监督工作有具体可操作的内容。

第二，会计监督职能是对会计核算工作进行监督和检查，确保会计核算的合法性、准确性和规范性。通过会计监督，会计人员能发现和解决会计核算中存在的问题、风险和错误，保证经济活动的合法性和合理性，确保会计信息的真实性和完整性。会计监督为会计核算提供了质量保证，使其能更好地发挥作用。

会计核算和会计监督是相辅相成的关系。只有进行了准确、规范的会计核算，会计监督才有可监督的对象和数据依据。同时，会计监督也促使会计核算工作得到改进和完善，提高会计信息的质量和可靠性。两者相互依存，相互促进，共同为企事业单位的经营和决策提供支持和保障。

随着生产力水平和管理水平的提高，现代会计职能也在不断发展和丰富。除了会计核算和会计监督这两个基本职能，现代会计还承担预测经济前景、参与经济决策、评价经营业绩等其他拓展职能。会计在经济活动中的作用越发重要，其职能也不断适应和满足现代经济管理的需求。

第二节　会计对象与会计要素

一、会计对象

会计对象是会计所要反映和监督的内容，即会计所要反映和监督的客体，就是企业、机关、事业单位和其他组织能用货币表现的经济活动，即资金运动。在社会主义制度下，会计对象就是社会再生产过程中的资金运动。

社会再生产过程包括生产、分配、交换和消费四个环节。再生产过程的经济活动是多种多样的，会计并不能核算和监督再生产过程的所有方面，而只能核算和监督用货币表现的那些方面。在商品经济条件下的再生产过程包括：①劳动者使用劳动手段对劳动对象进行加工，生产出新产品，将原来的生产资料消耗掉，将新的产品生产出来。这一物资流动过程体现了社会再生产过程的使用价值方面。是物资运动。②生产中消耗的生产资料的价值转移到新产品中去，并创造出新的价值，转移过来的价值和新创造价值就构成了新产品的价值。新产品的价值通过交换得以实现，并进行分配。这一货币流动过程体现了社会再生产过程的价值方面，是资金运动。会计核算和监督的内容就是第二个方面，即社会再生产过程中的资金运动。

下面以企业为例，阐述会计对象所包含的内容。任何事物的运动都有相对静止和显著变化两种形态，资金运动也不例外，也有动态和静态两个方面。

（一）资金运动的动态表现

资金运动的动态表现是指一个企业在一定期间的经营成果，是资金在生产经营过程各个阶段不断转变形态的结果，表现为收入、费用和利润。制造业企业的资金运动在企业生产经营过程中通常表现为以下三种形式。

1. 资金投入

企业要进行生产经营活动，必须拥有和控制一定数量的财产物资，作为完成目标的基础。这些财产物资可以由国家投资、法人单位投资和个人投资，也可以通过发行债券、向银行借款等方式取得。

2. 资金周转

制造业企业的再生产过程包括供应、生产、销售三个过程。资金投入企业后，就要在这三个过程中不断地运动和变化。供应过程是指企业用货币资金购建房屋、建筑物，购买机器设备等劳动资料，形成企业的固定资产；用货币资金购买生产所需的劳动对象，形成各种材料物资。这样，资金就发生了变化，由货币资金转化为固定资金和生产储备资金。

生产过程是指劳动者使用劳动资料对劳动对象进行加工，先生产加工成产品；当生产加工全部完成，生产出产成品。在生产过程中，资金形态发生两次变化：生产车间领用材料物资时，先由储备资金转化为生产资金；当产品完工入库后，由生产资金转化为成品资金。

销售过程是指企业将生产出来的产品发运给购买单位并取得销售收入，收回货币资金的过程。这时，资金形态由成品资金转化为货币资金。

企业资金从货币资金的形式出发，经历供应、生产和销售三个阶段，逐渐转化为储备资金、生产资金和成品资金等不同的形态，最后又回归到货币资金的形式，形成了资金的循环过程。企业资金周而复始地不断循环，称为资金的周转。资金运转过程也是资金的耗费、收回过程，资金耗费构成企业的费用、成本，资金收回形成企业的销售收入，把收入和费用进行比较，就能确定企业的盈亏。收入、费用和利润就形成了企业资金运动的动态表现。

3. 资金退出

资金退出是指企业的某些资金由于各种原因退出企业范围，不再继续参加资金周转。商品流通企业的经营过程分为商品购进和商品销售两个过程。商品购进过程中，主要是采购商品，此时，货币资金转换为商品资金；在商品销售过程中，主要是销售商品，此时，资金又由商品资金转换为货币资金。在商业企业经营过程中，也要消耗一定的人力、物力和财力，它表现为商品的流通费用。在销售过程中，也会获得销售收入和实现经营成果。因此，商业企业的资金沿着"货币资金→商品资金→货币资金"的方式运动。其具体内容也是静态的资产、负债、所有者权益以及动态的收入、费用和利润。

（二）资金运动的静态表现

任何企业要从事经营活动，都需要具备一定的物质基础，即资金。资金是由企业所有者和债权人投入企业而形成的。企业所有者投入的资金构成了企业的所有者权益，而债权人投入的资金构成了企业的债权人权益，也就是企业的负债。这些资金的投入为企业提供了经营所需的资源和资产。

投入企业的资金的一部分形成了流动资产，包括库存现金、银行存款、原材料和库存商品等。这些流动资产可以快速转化为现金，用于日常经营活动的支出和交易。另一部分资金形成了非流动资产，主要是以房屋建筑物、机器设备等为代表的固定资产。这些资产的投入为企业提供了生产和经营的基础设施和工具。

资金的运动可以通过企业的资产和权益来静态地表现。在特定的时间点上，企业的资产总值等于企业的权益总值。权益总值包括负债和所有者权益。资产是企业资金的占用，反映了企业拥有的各种资源和财产。而权益则代表了资金的来源，包括债权人的资金和企业所有者的投资。企业的负债和所有者权益共同构成了企业的权益结构。

资金在企业中的流动和运用是经营活动的重要方面。通过有效的资金管理和运营，企业可以确保流动资金的充足，同时合理配置和利用固定资产，从而提高经营效率和盈利能力。资金的运动不仅影响企业的财务状况，还对企业的经营决策和发展战略产生重要影响。

二、会计要素

（一）会计要素的分类

会计核算的客体，即社会再生产过程中的资金及其运动，在实际工作中，它反映企业方方面面的经济事务。在会计核算上要准确地反映这些经济事务并揭示各类经济事务之间的相互联系，以及时提供可靠、有用的信息资料，就必须对会计对象的具体内容进行适当的分类，即将会计对象按一定方法分解成各构成要素，即会计要素。"会计要素就是将会计对象进行细分，也是对会计对象的基本分类。会计要素有六大类：资产，负债，所有者权益，收入，费用，利润①。"

会计要素是对会计对象的基本分类，是会计对象的具体化，是会计用于反映会计主体财务状况、确定经营成果的基本单位。它是构成会计报表的基本因素，也是设置会计科目的依据。

企业应当按照交易或事项的经济特征确定会计要素，主要包括资产、负债、所有者权益、收入、费用、利润六大会计要素。其中，资产、负债和所有者权益三项会计要素表现资金运动的相对静止状态，即反映企业的财务状况；收入、费用和利润三项会计要素表现资金运动的显著变动状态，即反映企业的经营成果。

1. 资产

（1）资产的特点。资产是指由企业过去的交易或者事项形成的、企业拥有或者控制的、预期会给企业带来经济利益的资源。资产具有以下三个基本特征。

第一，资产是由过去的交易或事项所形成的。过去的交易或事项包括购买、生产、建造行为或者其他交易或事项。即只有过去的交易或事项才能产生资产，企业预期在未来的交易、事项不形成资产。例如，购货意愿或者计划，只要购买行为尚未发生，就不符合资产的定义，不能确认为存货资产。换言之，资产必须是现实的资产，而不能是预期的资产，是由过去已经发生的交易或事项所产生的结果。尚未发生的交易或事项可能产生的结果，能作为资产确认。

第二，资产是由企业拥有或者控制的。一项资源要作为资产来确认，应该拥有此项资源的所有权，可以按照自身的意愿使用或处置资产，如企业自有的机器设备。但对一些特殊方式形成的资产，企业虽对其不拥有所有权，却能实际控制。例如，融资租入的固定资产，尽管企业不拥有所有权，但融资租赁的合同期接近该项资产的使用寿命时，表明企业实际控制了该项资产的使用及其所能带来的经济利益。所以，应当确认为企业资产。换言之，一项资源要作为资产来确认，该资源是由企业拥有所有权，或者虽然不拥有所有权但应为企业所控制，否则，不能作为资产。

第三，资产必须是直接或间接地给企业带来经济利益的资源。经济利益，是指直接或间接地流入企业的现金或现金等价物。资产都应能给企业带来经济利益。例如，企业通过收回应收账款、出售库存商品等直接获得经济利益，也可通过对外投资以获得股利或参与分配利润的方法间接获得经济利益。按照这个规定，已经不能带来未来经济利益流入的项目，如已经报废的机器设备、已毁损的存货、已经无望收回的债权等，都不能再作为资产

---

①朱丽娜. 浅谈如何有效地学习会计学基础 [J]. 亚太教育，2015（5）：34.

来核算和列报。即预期能给企业带来经济利益，就能确认为资产；预期不能给企业带来经济利益，则不能确认为资产。

（2）资产的组成部分。资产总是占用在经营过程中的不同阶段并具有不同的具体形态，资产按其流动性的强弱，可分为流动资产和非流动资产。

第一，流动资产。流动资产指可以在 1 年内或者超过 1 年的一个营业周期内变现或者耗用的资产。流动资产按其变现能力的大小又可分为货币资金、交易性金融资产、应收及预付款项、存货等。

货币资金：指企业生产经营过程中处于货币形态的资产，包括库存现金、银行存款和其他货币资金。货币资金是流动性最强的资产。

交易性金融资产：指各种能随时变现，为了近期内出售而持有的金融投资，包括以交易为目的所持有的债券投资、股票投资、基金投资等。

应收及预付款项：指企业在日常生产经营过程中发生的各项债权，包括应收票据、应收账款、预付账款、其他应收款等。

存货：指企业在日常生产经营过程中持有以备出售的产成品或商品、处于生产过程中的在产品、在生产过程或提供劳务过程中耗用的材料或物料等。存货主要包括库存商品（产成品）、生产成本（在产品）以及在途物资、原材料周转材料（包括包装物和低值易耗品）等各类材料。

第二，非流动资产。非流动资产是指不能在 1 年或者超过 1 年的一个营业周期内变现或者耗用的资产，主要包括长期股权投资、固定资产、无形资产及其他资产等。

长期股权投资：指取得被投资单位股份并准备长期持有不准备随时交易或出售的投资。它包括对子公司的投资、对合营企业的投资、对联营企业的投资等。

固定资产：指企业为生产商品提供劳务、出租或经营管理而持有的使用寿命超过一个会计年度的有形资产。

无形资产：指企业拥有或者控制的没有实物形态可辨认的非货币性资产。无形资产包括专利权、非专利技术、商标权、著作权、土地使用权等。

其他资产：指除货币资金、交易性金融资产、应收及预付款项、存货、长期股权投资、固定资产、无形资产等以外的资产，如长期待摊费用。

2. 负债

（1）负债的特征。负债是指企业过去的交易或者事项形成的、预期会导致经济利益流出企业的现时义务。负债具有以下三个特征。

第一，负债是由过去的交易或事项形成的。换言之，导致负债的交易或事项必须已经发生，是一种现时的经济责任。至于那些正在筹划的、未来的交易或事项是不会产生负债的，在会计上也不能作为负债处理。例如，企业因赊购商品产生的应付账款就是一种负债，而在赊购商品这种行为发生之前，自然不会存在应付账款这项负债。再如，银行借款是因为企业接受了银行贷款产生的还贷义务，是一项负债，而如果仅是打算借款，借款行为发生之前自然不会存在银行借款这项负债。

第二，负债预期会导致经济利益流出企业，即负债会在未来的某一时日通过交付资产（包括现金和其他资产）或提供劳务来清偿。例如，企业赊购一批商品，商品已验收入库，但尚未付款，该笔业务所形成的应付账款就是企业的一项负债，该负债需要在未来的某一时日通过交付现金或银行存款来清偿。只有企业在履行义务时导致经济利益流出企业，才符合负债的定义，如果不会导致企业经济利益流出，就不符合负债的定义，这是负债的一个本质特征。

第三，负债必须是企业承担的现时义务，这是负债的一个基本特征。现时义务是指企业在现行条件下已经承担的义务，至于未来发生的交易或事项所形成的义务，不属于现时义务，就不能确认为负债。这里所指的现时义务，既可以是法定义务，也可以是推定义务。其中，法定义务是指具有约束力的合同或者法律法规规定的义务，通常必须依法执行。例如，企业购买商品时形成的应付账款，企业按照税法规定应当缴纳的各项税款等，均属于企业应承担的法定义务，需要依法予以偿还。推定义务是指根据企业多年来的习惯做法、公开的承诺或者公开宣布的政策而导致企业将承担的责任。例如，企业的一项销售政策是对售出的商品提供一定期限内的售后保修服务，则对已经售出的商品在预期将会发生的修理费用就属于推定义务，应当将其确认为一项负债，即预计负债。

（2）负债的组成部分。企业的负债按其流动性分为流动负债和非流动负债。

第一，流动负债。流动负债是指将在1年（含1年）或者超过1年的一个营业周期内偿还的债务。主要包括短期借款、应付及预收款项、应付职工薪酬、应缴税费、应付股利、应付利息等。

短期借款：指企业向银行或其他金融机构等借入的期限在1年以下（含1年）的各种借款。

应付及预收款项：指企业在日常生产经营过程中发生的各项债务，包括应付票据、应付账款、预收账款、其他应付款等。

应付职工薪酬：指企业为获得职工提供的服务或解除劳动关系而应付给职工各种形式的报酬或补偿，职工薪酬包括职工在职期间和离职后提供给职工的全部货币性和非货币性福利。企业提供给职工配偶、子女或受赡养人的福利等也属于职工薪酬。

应缴税费：指企业按照税法规定计算应缴纳的各种税费，包括增值税、消费税、营业税、所得税、资源税、土地增值税、城市维护建设税、房产税、城镇土地使用税、车船税、教育费附加、矿产资源补偿费等。

应付股利：指企业经股东大会或类似机构审议批准分配的现金股利或利润。企业股东大会或类似机构审议批准的利润分配方案、宣告分派的现金股利或利润在实际支付前形成企业的负债。

应付利息：指企业按照合同约定应支付但尚未支付的利息。

第二，非流动负债。非流动负债是指偿还期超过1年或者超过1年的一个营业周期的债务。主要包括长期借款、应付债券、长期应付款等。

长期借款：指企业从银行或其他金融机构借入的、期限在1年以上（不含1年）的各项借款。

应付债券：指企业为筹集长期资金而发行的长期债券。

长期应付款：指企业除长期借款和应付债券以外的其他各种长期应付款项，包括应付融资租入固定资产的租赁费、以分期付款方式购入固定资产发生的应付款项等。

3. 所有者权益

（1）所有者权益的特点。所有者权益是指企业资产扣除负债后，由所有者享有的剩余权益，它在数值上等于企业全部资产减去全部负债后的余额。公司的所有者权益又称股东权益。其实质是企业从投资者手中所吸收的投入资本及其增值。所有者权益具有以下三个特点。

第一，除非发生减资、清算或分派现金股利等情况，企业不需要偿还所有者权益。所有者权益代表了企业所有者对企业的投资，包括股东的股本和利润留存等。与债务不同，所有者权益不需要按照特定的时间表或条件偿还给所有者。所有者权益不会随着时间的推移自动减少或归还，而是作为企业继续运营和发展的基础。

第二，企业清算时，只有在清偿所有的负债后，所有者权益才能返还给所有者。清算是指企业结束经营活动、偿还债务并分配剩余资产的过程。在清算过程中，企业需要先偿还债务，包括供应商的应付款项、贷款等，然后才能返还剩余的资产给所有者。这意味着所有者权益在企业清算时才能被回收，只有在企业解散或停止运营时才能转化为现金或其他形式的回报。

第三，所有者凭借所有者权益能参与利润分配。作为企业所有者，持有所有者权益的股东有权分享企业的利润。可以通过派发现金股利、发放红利或增加股东权益等方式实现利润分配。所有者权益代表了股东在企业中的所有权和参与权，他们享有按比例分享企业盈利的权益。

所有者权益具有不需要偿还、在清算时最后返还以及参与利润分配的特征。所有者权益对企业的稳定运营和发展起着重要作用，它为所有者提供了一种资本回报的方式，并反映了所有者在企业中的权益和地位。了解和管理好所有者权益对企业的财务健康和长期发展至关重要。

（2）所有者权益的组成部分。所有者权益的来源包括所有者投入的资本、直接计入所有者权益的利得和损失、留存收益等，通常由实收资本（或股本）、资本公积、盈余公积和未分配利润构成。其中，盈余公积和未分配利润又称留存收益。

第一，实收资本。实收资本指的是企业接受投资者投入的实收资本。这包括以货币形式投入的资金以及非货币形式的财产物资等。在股份公司中，股本就是实收资本的主要组成部分。实收资本代表了企业所有者为企业提供的初始投资，是企业财务结构的基础。

第二，资本公积。资本公积是指资本溢价（或股本溢价）和直接计入所有者权益的利得和损失等。资本溢价是指企业股票发行时，发行价格高于面值的部分。这部分资金超出了股票面值的金额被认为是资本公积。此外，直接计入所有者权益的利得和损失，如重新计量的固定资产、无形资产重新计量等，也被计入资本公积。

第三，盈余公积。盈余公积是指企业从净利润中提取的公积金。盈余公积包括法定盈余公积和任意盈余公积。法定盈余公积是根据国家法律和法规的要求，将一定比例的净利润提取出来形成的公积金，用于弥补损失、补充资本等。任意盈余公积是企业自愿提取的公积金，用于资本扩充、业务拓展等。

第四，未分配利润。未分配利润是指企业在过去年度获得的净利润中尚未进行分配的部分。未分配利润被保留在企业内部，用于企业的发展、再投资、分红等。未分配利润是企业的积累，反映了企业经营活动的收益和盈余。

资产、负债与所有者权益三个要素是企业财务状况的静态反映，是构成资产负债表的要素，形成反映特定日期财务状况的平衡公式，即

$$资产 = 负债 + 所有者权益 \tag{1-1}$$

（3）所有者权益来源。所有者权益的来源包括以下三个方面。

第一，所有者投入的资本。所有者投入的资本是指企业所有者投入企业的资金或其他有形或无形资产。这部分资本用来支持企业的经营和发展，并作为所有者在企业中的权益。

实收资本（或股本）：是所有者投入的主要部分。实收资本是指股东以货币形式或其他有形资产形式投入的资金。在股份有限公司中，实收资本通常以股份的形式存在。实收

资本代表了股东对企业的直接投资，并成为企业财务状况的重要组成部分。它在企业财务报表中作为所有者权益的一部分进行记录。

资本公积：由所有者投入的资本发生资本溢价和股本溢价等原因所形成的。资本溢价指在股份有限公司的股票发行过程中，股票的发行价格高于其面值的差额。这部分差额被认为是资本公积，是企业资本结构的重要组成部分。资本公积主要用于企业转增资本（或股本），以增加股东的持股比例或提升企业资本实力。资本公积主要用于转增资本（或股本），即将资本公积转化为实收资本（或股本），而不是直接用于企业的日常经营活动。这是因为资本公积属于企业内部的权益调整，对企业的流动性和经营活动没有直接影响。

通过所有者投入的资本，企业能获得资金和资源，用于购买设备、采购原材料、支付员工薪酬和推动企业运营。所有者投入的资本为企业提供了初始的经营基础，并在企业的成长和发展过程中起到重要的支持作用。

第二，直接计入所有者权益的利得和损失。直接计入所有者权益的利得和损失是指一些经济利益的流入或流出，它们不应计入当期损益，但会导致所有者权益发生增减变动，并与所有者投入资本或者向所有者分配利润无关。这些利得和损失应计入资本公积。

利得：指企业非日常活动所形成的、会导致所有者权益增加的、与所有者投入资本无关的经济利益的流入，包括直接计入所有者权益的利得和直接计入当期利润的利得。直接计入所有者权益的利得是指那些不计入当期损益表，而直接计入资本公积的利得。例如，可供出售金融资产公允价值变动净额是指可供出售金融资产因公允价值变动而导致的所有者权益的增加。

损失：指企业非日常活动所发生的、会导致所有者权益减少的经济利益的流出。它包括直接计入所有者权益的损失和直接计入当期利润的损失。直接计入所有者权益的损失是指那些不计入当期损益表，而直接计入资本公积的损失。例如，资产重估减值损失是指对资产进行重估后，发现其价值低于账面价值而导致的所有者权益的减少。

直接计入所有者权益的利得和损失应计入资本公积。资本公积是一种记录资本变动的账户，用于反映所有者权益的增减变动，但与实际的资本投入或利润分配无直接关联。通过将这些利得和损失计入资本公积，可以确保准确地反映所有者权益的变动情况，使企业财务报表更具真实性和可靠性。

与直接计入所有者权益的利得和损失相对应的是直接计入当期利润的利得和损失。这些利得和损失直接计入当期利润，影响当期的净利润。与直接计入所有者权益的利得和损失相比，直接计入当期利润的利得和损失更直接地反映了企业经营活动的收益和损失情况。

第三，留存收益。留存收益是指企业历年实现的净利润中留存于企业的部分。它由两个主要组成部分构成：盈余公积和未分配利润。

盈余公积：企业从净利润中提取的一部分，累计计入企业的盈余公积账户。盈余公积的形成是依据国家法律、法规和会计准则的规定。企业可以根据需要从净利润中提取一定比例的盈余，以形成盈余公积。盈余公积可以用于多种目的，如弥补亏损、转增资本（股本）、发放现金股利或利润等。

未分配利润：指企业留待以后年度分配的净利润的部分。它是企业留存下来的利润，用于满足未来的发展需要、应对风险和不确定性，或者用于其他目的。未分配利润在企业财务报表中作为留存收益的一部分进行记录。

留存收益的形成和使用是经过合法程序和规定的。企业的股东或相关决策机构可以根据企业的具体情况和经营需要，决定如何使用留存收益，包括将部分留存收益用于资本扩充、再投资、业务拓展或其他目的。

留存收益的存在对企业有重要意义，可以为企业提供资金的积累，增强企业的财务实力和抵御风险的能力。此外，留存收益也为企业提供灵活性，使其能更好地适应未来日新月异的经营环境和需求。在企业财务报表中，留存收益通常以盈余公积和未分配利润的形式呈现，这些信息反映了企业过去积累的利润和财务状况，为利益相关方提供了关于企业盈利能力和发展潜力的重要参考。

4. 收入

（1）收入的特点。收入是指企业在其日常活动中所形成的、会导致所有者权益增加的、与所有者投入资本无关的经济利益的总流入。收入具有以下三个特征。

第一，收入属于企业在其日常活动中所形成的经济利益的流入。日常活动指的是企业为实现其经营目标而进行的经常性活动，包括与其主要经营业务直接相关的活动以及与之相关的其他经常性活动。例如，制造业企业通过制造并销售产品获得收入，商业企业通过商品销售活动获得收入，咨询公司通过提供咨询服务获得收入，商业银行通过对外发放贷款而获得的利息收入等，都属于企业的日常活动，并可以确认为收入。这些收入是企业日常经营所带来的结果，是企业盈利的重要来源。然而，并非所有的交易或事项都可以被确认为收入。虽然某些交易或事项也能给企业带来经济效益，但由于不属于企业的日常活动，其所流入的经济效益并不被视为收入。例如，企业出售固定资产所获得的净收益，不属于企业的日常经营活动，因此不能被确认为收入，而是被视为直接计入当期利润的利得。

收入在企业的财务报表中扮演着重要的角色，通常会被列入损益表（或利润表）中。

它反映企业在一定时期内从其日常经营活动中所获得的经济利益。收入的正确识别和确认对评估企业的经营绩效、计算税收和提供准确的财务信息至关重要。值得注意的在于，收入与利润属于两个不同的概念。收入是指企业在日常经营活动中所获得的经济利益的流入，而利润是指企业在一定时期内减去相关成本和费用后所剩余的盈余。利润的计算需要考虑除收入之外的各种影响因素，如成本、费用、折旧等。

第二，收入会导致所有者权益的增加。收入的确认是指企业通过其日常活动中取得的经济利益的流入，这些流入会导致所有者权益的增加。只有符合这一条件的经济利益流入才能被确认为收入，而不符合的则不能被视为收入。

作为收入的必要条件之一，经济利益的流入必然导致所有者权益的增加。所有者权益是指企业所有者对企业资产净值的所有权。当企业取得收入时，其所有者权益会因此而增加，反映了企业盈利能力和增值的情况。然而，并非所有的经济利益流入都会导致所有者权益的增加。例如，企业向银行借入款项，虽然这会导致企业经济利益的流入，但该流入并不会增加所有者权益，而是使企业承担了一项现时义务，即偿还借款。因此，这种经济利益流入不符合收入的定义，不能被确认为收入，而应该被确认为一项负债。

在财务报表中，收入通常会列入损益表（或利润表）中的收入部分，与成本和费用相对应。收入和负债是企业财务报表中的两个重要组成部分。收入代表了企业的经营活动所带来的经济利益流入，而负债则代表了企业的经济活动所产生的义务或债务。正确区分并准确确认收入和负债，有助于全面了解企业的财务状况和经营绩效。

第三，收入是与所有者投入资本无关的经济利益的总流入。它应该导致经济利益的流入，进而导致资产的增加。当企业从其日常活动中取得收入时，这意味着企业获得了经济利益的流入，这些流入可能是现金或者未来有权获得现金的形式，从而符合收入的定义。

当企业销售商品时，应当收到现金或者具备权利在未来收到现金，这表明该交易符合收入的定义。这种交易导致了经济利益的流入，使企业的资产增加，因此可以确认为收入。然而，有时经济利益的流入与所有者投入资本的增加有关。当所有者向企业投入资本时，这种资本的增加既增加了企业的资产，也增加了所有者权益。在这种情况下，所有者投入资本的增加不应被确认为收入，而应直接确认为所有者权益的增加。同样地，企业从第三方或客户那里代收的款项，如预收的货款、代收的利息、代国家收取的增值税等，虽然增加了企业的资产，但同时也增加了企业的负债。这种经济利益的流入并不属于本企业的经济利益，因此不能作为本企业的收入。

（2）收入的组成部分。

第一，营业性收入。营业性收入主要包括主营业务收入、其他业务收入和投资收益。

主营业务收入：主营业务收入也称为基本业务收入，是指企业在其经常性的、主要业务活动中所获得的收入。具体而言，主营业务收入包括制造业企业销售商品所取得的收入以及服务业的劳务收入。制造业企业销售商品所取得的收入主要来自其生产产品的销售，这包括销售给最终消费者、批发商或零售商的商品销售收入。而服务业的劳务收入则主要来自提供各种服务所产生的收入，这些服务包括咨询、技术支持、保险、金融服务等。主营业务收入是企业运营中主要的收入来源之一，反映了企业核心业务的盈利能力和经营状况。通常情况下，主营业务收入占据企业总收入的较大比例，因为它是企业经营活动的重要组成部分。通过增加主营业务收入，企业可以提高盈利水平、增强市场竞争力，并为进一步扩大业务规模提供资金支持。

其他业务收入：其他业务收入也称为附营业务收入，是指企业在主营业务以外的其他经营活动中实现的收入。具体而言，这些收入包括制造业企业通过出租包装物、销售原材料等方式所取得的收入。制造业企业在日常经营中可能会进行一些与主营业务不直接相关但能带来额外收入的活动。例如，企业可能会出租自己拥有的包装物，如运输容器、箱子或包装材料，从而获得租金收入。此外，企业还可以销售其生产过程中未使用的原材料或废料，从中获得额外的销售收入。其他业务收入的性质与规模因企业而异，它们可能对企业的总收入和盈利能力产生一定的影响。尽管这些收入通常不是企业的核心业务来源，但它们可以提供一定的经济补充和多样化收入流。此外，通过参与附加业务活动，企业还能利用资源和资产的闲置部分，实现更好的资源利用率和资金回报。

投资收益：投资收益是指企业通过对外投资所获得的收益，减去发生的投资损失后的净额。具体而言，投资收益是企业通过购买股票、债券、基金、房地产等资产，并从中获得的股息、利息、租金、股权转让收益等形式的回报。企业通过投资可以参与其他企业或资产的所有权或权益，以期获得额外的收益。投资收益的来源多种多样，包括股息收入、债券利息收入、资本利得、租金收入等。例如，企业持有其他公司的股票，可以获得股息分红；持有债券可以获得债券利息；持有房地产可以通过租金收入获利；还可以通过股权转让获得资本利得。然而，投资存在风险，可能会发生较大的投资损失。投资损失是指企业在投资过程中发生的资产贬值、投资失败等导致的损失。投资损失会从投资收益中扣除，以计算最终的净投资收益。

投资收益可以为企业带来额外的收入来源，增加利润并改善财务状况。然而，投资收益的波动性较高，受市场环境和投资风险的影响较大，因此企业需要进行风险评估和投资管理，以确保投资决策的合理性和风险可控性。

第二，营业外收入。营业外收入即那些不直接与企业的生产经营活动相关的各项收入。营业外收入是指企业在经营过程中发生的与其主营业务无直接关系的其他收入，这些收入通常是非常规性的。其中包括以下类型的收入。

处置固定资产净收益：当企业出售或处置固定资产时，所获得的净收益即计入营业外收入。这包括固定资产的折旧摊销、处置损失或处置盈余。

非经常性政府补贴：企业可能会获得一些与其经营活动无直接关系的政府补贴，如补贴环保改造、科研项目等。这些补贴通常被视为非常规性收入，计入营业外收入。

罚款收入：企业在违反法规或合同约定时可能会被处以罚款，这些罚款所收到的款项被认为是营业外收入。

非经常性投资收益：与主营业务无直接关系的投资收益也归类为营业外收入。这包括企业投资收到的股息、利息、租金等。

5. 费用

（1）费用的特点。费用是指企业在日常活动中所发生的、会导致所有者权益减少的、与向所有者分配利润无关的经济利益总流出。费用主要具有以下三个特征。

第一，费用是企业日常活动中所发生的经济利益的总流出。制造业企业制造并销售产品、商业企业购买或销售商品等活动中发生的经济利益的总流出构成费用。有些交易或事项虽然也能导致经济利益流出企业，但不属于企业日常经营活动，其经济利益的流出属于企业的损失，而不是费用。例如，企业出售固定资产、无形资产等非流动资产发生的净损失、由于自然灾害等非正常原因造成财产毁损等，不应将其确认为费用，而是属于直接计入当期利润的损失。

第二，费用会导致企业所有者权益减少。费用可能表现为资产的减少，如减少银行存款、库存商品等；也可能表现为负债的增加，如增加应付职工薪酬、应缴税费等。根据"资产-负债=所有者权益"的会计等式，费用一定会导致企业所有者权益的减少。

第三，费用与向所有者分配利润无关。向所有者分配利润或股利属于企业利润分配的内容，不构成企业的费用。

（2）费用的组成部分。费用按照经济用途分为应计入产品成本的费用和不应计入产品成本的费用两大类。应计入产品成本的费用是和产品相联系的，要有实物承担者；不应计入产品成本的费用是和期间相联系的，一般没有实物承担者。以制造业企业为例，计入产品成本的费用称为产品的生产成本，包括直接材料、直接人工和制造费用。对某一产品上归集的生产成本而言，只有在该成品完工并且已经销售，确认产品销售收入时才将已销售产品的成本计入当期损益。已销售产品的成本称为营业成本，包括主营业务成本和其他业务成本。另一类不计入产品成本而直接计入当期损益的费用包括期间费用和其他费用。期间费用包括销售费用、管理费用和财务费用；其他费用主要包括所得税费用、营业税金及附加资产减值损失。费用的组成部分具体如下。

第一，生产成本。生产成本是指企业为生产一定种类和数量的产品所发生的费用。具体又可分为直接费用和间接费用两类。

直接费用：指直接为生产产品或提供劳务等发生的费用，包括直接材料、直接人工。这些收入在企业财务报表中单独列示，以区分于营业性收入，同时也有助于更准确地评估企业经营绩效和盈利能力。直接人工是指直接从事产品生产的工人薪酬。直接材料和直接人工合称直接费用，当直接费用发生时直接计入产品或劳务成本。

间接费用：也称制造费用，是指企业各个生产车间为组织和管理生产经营活动而发生的各项间接费用，如车间管理人员薪酬、折旧费、修理费、水电费等，它一般不能直接计入某项产品成本，而须按一定的方法分配计入有关产品的成本。

第二，营业成本。营业成本是指销售商品或提供劳务的成本，应当在确认产品销售收入、劳务收入时，将已销售产品，已提供劳务的成本等计入当期损益。按照其所销售商品或提供劳务在企业日常活动中所处地位，营业成本可分为主营业务成本和其他业务成本。

主营业务成本：指企业根据收入准则确认销售商品、提供劳务等主营业务收入时应结转的成本。

其他业务成本：指企业除主营业务活动以外的其他经营活动所发生的成本，包括销售材料的成本、出租固定资产的折旧额、出租无形资产的摊销额、出租包装物的成本或摊销额等。

第三，期间费用。期间费用包括销售费用、管理费用和财务费用。期间费用不能直接计入产品或劳务成本，而是直接冲减当期损益。

管理费用：管理费用是企业为组织和管理生产经营活动而发生的各种管理费用。它包括企业董事会和行政管理部门在企业的经营管理中发生的或者应由企业统一负担的公费、工会经费、董事会费、聘请中介机构费、咨询费、诉讼费、业务招待费等。管理费用的受益对象是整个企业，而不是企业的某个部门。

销售费用：销售费用是企业在销售产品和材料、提供劳务等经营过程中发生的各项费用。它包括企业在销售商品过程中发生的运输费、装卸费、包装费、保险费、展览费和广告费以及出售本企业商品而专设的销售机构的职工薪酬、业务费、折旧费等经营费用。

财务费用：财务费用是企业筹集生产经营所需资金等而发生的筹资费用。它包括利息支出（减利息收入）、汇兑损失（减汇兑收益）以及相关的手续费等。

第四，其他费用。其他费用主要包括所得税费用、营业税金及附加、资产减值损失。

所得税费用：所得税费用是指企业根据所得税准则确认的应从当期利润总额中扣除的所得税金额。

营业税金及附加：营业税金及附加是指企业经营活动发生的营业税、消费税、城市维护建设税、资源税和教育费附加等相关税费。

资产减值损失：资产减值损失是指企业计提各项资产减值准备所形成的损失。

上述的费用是狭义的费用，是指营业性费用。费用还包括直接计入当期利润的损失，即营业外支出。营业外支出是指企业发生的与其生产经营活动无直接关系的各项支出，如处置固定资产净损失、处置无形资产净损失、罚款支出、捐赠支出和非常损失等。

6. 利润

（1）利润的特点。利润是指企业在一定会计期间的经营成果。直接利润金额取决于收入和费用以及直接计入当期利润的利得和损失金额的计量。在一个会计期间内，如果收入大于费用，其余额即为利润；反之，则为亏损。从企业的产权关系看，企业实现的利润属于所有者，企业发生的亏损最终也应由所有者来承担。因此，利润的实现表现为所有者权益增加，而亏损则表现为所有者权益减少。

（2）利润的组成部分。利润来源包括收入减去费用后的净额及直接计入当期利润的利得和损失等。在利润表中，利润分为营业利润、利润总额和净利润三个层次。

营业利润：营业利润是指营业收入（主营业务收入和其他业务收入之和）减去营业成本（主营业务成本和其他业务成本之和）、营业税金及附加、期间费用（包括销售费用、管理费用和财务费用）、资产减值损失，加上公允价值变动净收益、投资净收益后的金额，它是狭义收入与狭义费用配比后的结果。

利润总额：利润总额是指营业利润加上营业外收入，减去营业外支出后的金额。

净利润：净利润是指利润总额减去所得税费用后的金额。它是广义收入与广义费用配比后的结果。

收入、费用与利润这三个要素是企业经营成果的动态反映，也是构成利润表的要素，形成反映一定期间经营成果的基本公式，即

$$利润 = 收入 - 费用 \qquad (1-2)$$

（二）会计要素的确认计量

会计信息的载体是财务报告，财务报告由会计要素组成，对会计要素报告之前必须对会计要素进行确认与计量，在对会计要素进行确认与计量时，必须遵循一定的要求。下面以历史成本计量、收入与费用配比、划分收益性支出与资本性支出为例进行探讨。

1. 历史成本计量

历史成本计量又称实际成本计量或原始成本计重，是指企业的各项财产物资应当按取得或购建时发生的实际支出进行计价。物价变动时，除国家另有规定者外，不得调整其账面价值。

以历史成本为计价基础有助于对各项资产、负债项目的确认和对计量结果的验证和控制。同时，按照历史成本原则进行核算，也使收入与费用的确认建立在实际交易的基础上，防止因企业随意改动资产价格而造成经营成果虚假或任意操纵企业的经营业绩。采用历史成本计价方法具有较高的客观性，因其基于原始凭证，便于查证，能有效防止随意更改。然而，这种方法建立在币值稳定的假设前提上。如果出现货币币值不稳定的情况，就需要考虑使用其他计价方法，如重置成本等。

2. 收入与费用的配比

正确确定一个会计期间的收入和与其相关的成本、费用，以便计算当期的损益，这是配比的要求。收入与费用配比包括两方面的问题：一是收入和费用在因果联系上的配比，即取得一定的收入时发生了一定的支出，而发生这些支出的目的就是取得这些收入；二是收入和费用在时间意义上的配比，即一定会计期间的收入和费用的配比。

3. 划分收益性支出与资本性支出

会计核算应当合理地划分收益性支出和资本性支出。凡支出的效益仅与本会计年度相关的，应当作为收益性支出；凡支出的效益与几个会计年度相关的，应当作为资本性支出。划分收益性支出和资本性支出的目的在于正确地确定企业的当期损益。具体而言，收益性支出是为取得本期收益而发生的支出，应当作为本期费用，计入当期损益，列入利润表中。如已销售商品的成本、期间费用、所得税等；资本性支出是为形成生产经营能力，为以后各期取得收益而发生的各种支出，应当作为资产反映，列入资产负债表中。如购置固定资产的支出等。如果一项收益性支出按资本性支出处理，就会造成少计费用而多计资产，出现当期利润虚增而资产价值偏高的现象；如果一项资本性支出按收益性支出处理，则会出现多计费用以致当期利润虚减而资产价值偏低的结果。

第三节 会计核算与信息质量要求

一、会计核算

（一）会计核算的处理基础

权责发生制与收付实现制是确定收入和费用的两种截然不同的会计处理基础。正确应用权责发生制是会计核算中非常重要的一条规范。企业应当以权责发生制为基础进行会计确认、计量和报告。

1. 权责发生制

权责发生制也称应收应付制，是指企业以收入的权利和支出的义务是否归属于本期为标准来确认收入、费用的一种会计处理基础。也就是以应收应付为标准，而不是以款项的实际收付是否在本期发生为标准来确认本期的收入和费用。在权责发生制下，凡是属于本期实现的收入和发生的费用，不论款项是否实际收到或实际付出，都应作为本期的收入和费用入账；凡是不属于本期的收入和费用，即使款项在本期收到或付出，也不作为本期的收入和费用处理。由于它不管款项的收付，而以收入和费用是否归属本期为准，所以称为应计制。

2. 收付实现制

收付实现制也称现收现付制，是以款项是否实际收到或付出作为确认本期收入和费用的标准。采用收付实现制会计处理基础，凡是本期实际收到的款项，不论其是否属于本期实现的收入，都作为本期的收入处理；凡是本期付出的款项，不论其是否属于本期负担的费用，都作为本期的费用处理。反之，凡本期没有实际收到款项和付出款项，即使应归属于本期，也不作为本期收入和费用处理。由于这种会计处理基础下款项的收付实际上以现金收付为准，所以称为现金制。

（二）会计核算的重要性

1. 为管理层的决策提供信息

会计核算为企业管理层提供了关于经营绩效的重要信息，这对决策制定和战略规划至关重要。具体体现在以下六个方面。

（1）绩效评估。会计核算通过财务报表，如损益表和资产负债表，向管理层提供了企业的经营绩效评估。管理层可以从这些报表中了解企业的收入、支出、利润和亏损等关键财务指标。这些数据是管理层评估企业健康状况的基础，帮助他们了解企业当前的经济状况。

（2）预算和规划。会计核算也为管理层的预算和规划提供了支持。管理层可以依据历史财务数据和趋势分析来制定财务预算和战略规划。这包括制定预算收入、支出、投资和盈利目标。会计数据使管理层能了解他们是否在实际执行中达到了这些目标，并且如果有差距，可以采取适当的措施来纠正。

（3）成本控制。会计核算允许管理层跟踪成本和费用，从而有效地控制企业的运营成本。通过分析费用账户，管理层可以识别成本上升的领域，并采取适当的措施来降低这些成本，从而提高企业的盈利能力。这对于维护竞争力至关重要。

（4）投资决策。会计核算为管理层的投资决策提供了支持。管理层可以通过分析资产负债表来评估企业的资本结构和财务稳定性，这对确定是否进行新的投资或扩大业务至关重要。此外，会计数据也帮助管理层评估投资项目的潜在回报和风险。

（5）经营绩效改进。会计核算的数据还为管理层提供了改进经营绩效的线索。通过对比不同期间的财务数据，管理层可以识别趋势和问题领域，并采取适当的措施来改进经营绩效。这包括优化销售策略、改进供应链管理和提高效率。

（6）风险管理。会计数据也有助于管理层识别和管理企业面临的财务风险。管理层可以通过审查资产负债表和现金流量表来识别潜在的流动性问题或债务风险，并采取适当的措施来降低这些风险。

2. 为投资者提供透明度

会计核算数据对投资者来说具有重要的作用，因为它们提供了关于企业的财务状况和经营绩效的关键信息，帮助投资者评估企业的价值和风险。

（1）评估企业的财务健康。投资者依赖会计核算数据来评估企业的财务健康状况。通过分析财务报表，如资产负债表，投资者可以了解企业的资产、负债和所有者权益情况，这有助于他们确定企业是否具有稳健的财务基础。

（2）了解企业收入和盈利能力。会计核算提供了有关企业收入和盈利能力的信息。通过损益表，投资者可以了解企业的销售收入、费用和盈利情况。这有助于他们确定企业是否盈利，并了解盈利能力的趋势。

（3）偿债能力。投资者关注企业的偿债能力，以确定其是否能履行债务承诺。资产负债表提供了资产和负债的信息，投资者可以从中判断企业的偿债能力。

（4）现金流量。现金流量表为投资者提供了关于企业现金流入和流出的信息。这有助于他们了解企业的资金状况，包括是否有足够的现金来满足运营需求和债务偿还。

（5）盈利质量。会计核算数据还允许投资者评估盈利质量。他们可以分析报告中的收入和费用项目，以确定盈利是否可持续，并是否受到会计政策的影响。

二、会计信息质量与要求

（一）相关性

相关性是指企业提供的会计信息与财务会计报告使用者的经济决策需求之间的关联程度。这意味着会计信息必须与使用者对企业过去、现在或未来状况的评价或预测有关，以满足他们的信息需求。相关性也被称为有用性，它是会计信息质量的一个基本要求。为了使会计信息有用，它必须与使用者的决策需求相关。会计核算资料提供的经济信息应满足以下三个方面的需要。

第一，国家宏观经济管理。会计信息应满足国家宏观经济管理的要求，以便政府制定和实施经济政策、进行宏观调控。

第二，了解企业财务状况和经营成果。会计信息应满足各方对了解企业财务状况和经营成果的需求，包括股东、投资者、债权人、分析师、供应商、顾客等。

第三，内部经营管理。会计信息应满足企业内部对经营管理的需要，帮助管理层评估企业绩效、制定决策、进行预测和规划，以促进企业的发展和提高竞争力。

相关性原则是衡量会计核算能否发挥应有作用的重要标准。只有与使用者的决策需求相关的会计信息才能对其决策产生实际影响，帮助他们做出明智的经济决策。因此，相关性是确保会计信息质量的关键要素之一。

（二）可靠性

可靠性也称为客观性或真实性，是会计核算工作的基本要求之一。它要求会计工作正确运用会计原则和方法，准确反映企业的实际情况，确保会计信息能经受验证，以核实其是否真实可信。

可靠性原则要求会计核算必须准确地记录和报告企业的财务状况和经营成果。会计人员应当按照规定的会计准则和方法进行核算，确保所记录的数据准确、无误。这包括正确计量和分类财务交易、准确记录资产和负债、正确识别收入和费用等。

可靠性的要求还涉及会计信息的真实性。会计信息应当真实地反映企业的财务状况和经营成果，不得故意隐瞒或误导。如果会计核算没有如实地反映企业的实际情况，会计工作就失去了存在的意义，甚至会误导会计信息使用者，导致决策的失误。为了确保可靠性，会计核算应遵循一系列原则和准则，如会计实体的持续性假设、货币计量原则、成本原则、收入确认原则等。此外，内部控制和审计等机制也起到确保会计信息可靠性的重要作用。

可靠性是会计信息质量的重要组成部分，它对会计信息的有效性和可信度具有决定性的影响。只有具备可靠性的会计信息才能提供可靠的依据，帮助用户做出准确的决策，维护企业的声誉和信誉。

（三）可比性

可比性要求企业提供的会计信息应当具有可比性。可比性原则能保证不同会计主体之间以及同一会计主体在不同期间的会计指标口径一致、相互可比，为信息使用者做出正确的决策提供必要的依据。

为了明确企业财务状况和经营成果的变化趋势，使用者必须能比较企业不同时期的财务报表。为了评估不同企业相对的财务状况经营成果和现金流量，使用者还必须能比较不同企业的财务报表。因此，对整个企业及其不同时点以及对不同企业而言，同类交易或其他事项的计量和报告都必须采用一致的方法。

可比性也是会计信息质量的一项重要要求。它包括两个方面的含义，即同一企业在不同时期的纵向可比和不同企业在同一时期的横向可比。要做到这两个方面的可比，就必须做到：同一企业不同时期发生的相同或者相似的交易或者事项，应当采用一致的会计政策，不得随意变更。确需变更的，应当在附注中说明。对同一家企业发生的相同或相似的交易，应当采用规定的会计政策，以确保会计信息的口径一致性和相互可比性。这有助于确保企业的财务报告能准确反映其经济状况和业绩，并便于与不同时间段或其他企业的财务信息进行比较和分析。

（四）可理解性

可理解性是对企业提供的会计信息的一个重要要求，它要求会计信息应当清晰明了，便于财务会计报告使用者理解和使用。可理解性也被称为明晰性，是会计信息质量的一个重要方面。

会计信息的提供是为了被使用，而使用的前提是对会计信息有清晰的理解。因此，会计人员应该努力传递易于理解的会计信息，确保会计信息的内容明确可见。这涉及数字记录的准确性以及文字说明的简明扼要性，以便使用者能直观地理解相关经济业务的来龙去脉。为了增强可理解性，会计信息应该符合以下三个要求。

第一，清晰的组织结构。会计报告应按照一定的逻辑和结构组织，使信息的组织方式有助于使用者理解和识别重要的财务信息。

第二，明确的表达方式。会计信息的表达应简明扼要、准确清晰。文字说明应具备清晰的逻辑关系，避免使用过于专业化的术语，以确保信息的易懂性。

第三，合适的格式和展示方式。会计信息的格式和展示方式应当适合财务会计报告使用者的需要。例如，使用图表和注释等方式，帮助读者更好地理解和分析会计信息。

通过提供可理解的会计信息，使用者能准确地把握会计信息的内容，从而作出正确的决策。这对财务报告的有效性和信息披露的透明度至关重要。

（五）谨慎性

谨慎性也被称为稳健性，是会计核算中的一个重要原则，"要求企业在对往来交易或经济事项进行会计确认、计量和报告时，应当保持应有的谨慎和细致，不应过高地估计企业资产或者获得的收益、过低地评估企业内部存在的负债或者发生的各项费用"。[①]

谨慎性原则意味着在处理存在不确定性的经济业务时，会计人员应该采取保守的方法。如果在处理一项经济业务时存在多种处理方式可供选择，应选择那些不会导致夸大资产、虚增利润的方法。

在会计核算中，谨慎性要求合理预计可能发生的损失和费用，而不是过高估计收入或资产价值。这意味着会计人员应该提前预见并计提可能发生的损失，如坏账准备或资产减值准备，将其作为当期费用计入损益表，以反映可能的风险和损失。例如，企业可能预计到某些应收账款无法收回或其他资产价值下降，因此提前计提坏账准备或资产减值准备，以降低该资产的账面价值。此外，谨慎性原则还体现在固定资产的折旧计算上。会计人员可能采用加速折旧法，以更快地将资产的成本分摊为费用，从而在财务报表中反映出资产的实际价值下降。

（六）重要性

重要性要求企业提供的会计信息应当反映与企业财务状况、经营成果和现金流量等有关的所有重要交易或事项。重要性要求财务报告在全面反映企业的财务状况和经营成果的

---

①裴真. 浅谈会计信息质量要求之谨慎性原则 [J]. 农村经济与科技, 2021, 32 (6): 133.

同时，应当区别经济业务的重要程度，采用不同的会计处理程序和方法。对重要的经济业务，应当单独予以明确反映，并在财务报告中重点进行说明。对次要的会计事项，在不影响会计信息的真实性，且不至于误导财务报告的使用者，使其无法做出正确判断的前提下，可以采用适当的简化核算或合并反映。这有助于财务报告更准确地突出和解释企业经济活动的关键方面，提供清晰的信息以便用户能做出明智的经济决策。

一般而言，重要性可以从质和量两个方面进行判断。就性质方面而言，如果某会计事项的发生可能对决策产生重大影响，则该事项属于具有重要性的事项；从数量方面来说，如果某会计事项的发生达到一定数量或比例可能对决策产生重大影响，则该事项属于具有重要性的事项。

（七）实质重于形式

实质重于形式要求企业应当按照交易或者事项的经济实质进行会计确认、计量和报告，不应仅以交易或者事项的法律形式为依据。

在实际工作中，交易或事项的外在法律形式并不总能完全真实地反映其实质内容。所以，会计信息要想真实地反映所拟反映的交易或事项，就必须根据交易或事项的实质和经济现实，而不能仅仅根据它们的法律形式进行核算和反映。这方面最典型的例子当数对融资租入固定资产的确认与计量。就形式上而言，该项固定资产的所有权在出租方，企业只是拥有使用权和控制权。换言之，该项固定资产并不是企业购入的固定资产。因此，不能将其作为企业的固定资产加以核算。但是，由于融资租赁合同规定的租赁期相当长，接近于该资产的使用寿命，租赁期结束时，承租企业有优先购买该资产的选择权。因此，为了正确地反映企业的资产和负债状况，对融资租入的固定资产应作为企业的自有固定资产加以核算。

第二章　会计科目与记账方法

第一节　会计科目与账户

一、会计科目

会计科目是对会计对象的具体内容进行科学分类的项目名称，是设置账户和账务处理的依据。为了全面、系统、分类地核算和监督各项经济业务的发生情况，以及由此而引起的各项资产、负债、所有者权益和收入、费用、利润的增减变化，有必要按照会计对象的具体内容分别设置会计科目。例如，将企业存放于银行委托银行管理的货币归为一类，取名为"银行存款"；将企业因为销售产品而未收回的货款取名为"应收账款"等。这里的"银行存款""应收账款"等都是账户名称，也叫"会计科目"。

（一）会计科目的设置

设置会计科目能将复杂的经济活动转化为系统、有序的会计信息，为会计凭证、账簿和会计报表的设置提供依据与基础，提供全面、统一的会计信息，满足会计信息使用者的需要。正确确定会计科目是进行会计核算的起点。

统一性和灵活性相结合是设置会计科目应遵循的基本准则。为了系统地提供会计信息，保证会计科目的科学性、会计信息的可比性，企业必须根据财政部颁布的《企业会计准则——应用指南》的规定设置和使用会计科目。在该准则中明确规定了 156 个会计科目的名称、编号及其用途。企业在不违反会计准则确认、计量、报告规定的前提下，也可以根据本企业的实际情况增设、分拆、合并、设置会计科目。

（二）会计科目的类型

1. 依据提供核算指标的详细程度分类

会计科目按其提供核算指标的详细程度不同，分为总分类科目和明细分类科目两大类。

（1）总分类科目。总分类科目，也称为总账科目或一级科目，是会计科目中对会计要素具体内容进行总括分类的科目。其主要作用是对企业的经济活动进行分类和汇总，以便于会计记录、报告和分析。

总分类科目的设计是根据企业的经济活动和财务管理的需要，将各个相关的会计要素进行分类和总结。它们是会计科目体系中的最高层级，为下一级的明细分类科目提供了基础和框架。总分类科目的编制和使用通常遵循国家的会计准则和规定，以确保会计信息的准确性、可比性和一致性。

总分类科目的名称和编码通常由企业根据自身的业务特点和管理需要制定。一般来说，总分类科目的命名应具备明确、简洁、易于理解和应用的特点，以便于会计人员进行会计处理和信息提取。

总分类科目的范围广泛，涵盖了企业各个方面的经济内容，如资产、负债、所有者权益、收入、费用、成本等。它们能反映出企业在特定会计期间内的经济状况、财务成果和现金流量等重要信息。

在会计记录过程中，总分类科目扮演着重要的角色。会计人员根据企业的经济活动，将发生的各项业务按照总分类科目进行分类和汇总，并通过总账账户记录相应的借贷方变动。这些总账账户会随着业务的发生而不断变化，最终形成了总账科目的明细账户和总账的汇总数据。

（2）明细分类科目。明细分类科目是对总分类科目的进一步细化和分类，用于提供更加详细的会计信息。它们帮助将总分类科目下的经济内容进行更具体、更详尽的记录和汇总。明细分类科目通常分为二级明细科目和三级明细科目，用以进一步细分总分类科目。

二级明细科目是对总分类科目进行更加具体和详细的分类。通过将总分类科目进一步细分，二级明细科目能提供更具体的会计信息，以更准确地反映企业的经济活动。例如，在总分类科目"应收账款"下，可以设置二级明细科目如"客户A应收账款""客户B应收账款"等，以区分不同客户的应收账款。

三级明细科目是对二级明细科目的进一步分类。它能进一步细化和区分二级明细科目下的经济内容，提供更加详细的会计信息。例如，在二级明细科目"客户A应收账款"

下，可以设置三级明细科目如"客户 A1 应收账款""客户 A2 应收账款"等，以进一步细分不同客户 A 下的具体应收账款。

明细分类科目的设计和编制需要根据企业的业务特点、管理需求和会计准则进行规划。它们的名称和编码应该具备明确、准确、易于理解和应用的特点，以方便会计人员进行会计处理和信息提取。

在会计记录过程中，明细分类科目用于记录和汇总具体的经济活动和交易，从而生成明细账户的借贷方变动。这些明细账户是对企业经济活动的具体记录，能提供详细的会计信息和准确的财务数据。

总分类科目由财政部统一制定，并以会计制度的形式颁布实施。财政部根据国家的会计准则和规定，对各类企事业单位的会计科目进行规范和统一。

总分类科目在会计制度中扮演着重要的角色，它们对企业的经济活动进行了总括性分类，能反映出各类经济内容的总括资料。总分类科目的设置和编码通常遵循一定的规则和标准，以保证会计信息的准确性、可比性和一致性。

相对于总分类科目，明细分类科目在一定程度上具有一定的灵活性。明细分类科目的设置除了遵循国家会计制度规定以外，各单位还可以根据自身的实际情况和管理需要自行设置。这样，企事业单位能根据自身的业务特点和需求，进一步细化和分类总分类科目，以更好地满足会计信息的管理和分析需求。

然而，并非所有的总分类科目都需要设置明细分类科目。有些总分类科目在国家会计制度中并没有明确规定或者要求设置明细分类科目。例如，"所得税"科目通常不设明细分类科目，因为所得税的核算主要涉及税务部门的规定和计算方法，而不需要进一步细分和分类。

2. 依据反映的经济内容分类

会计科目按其反映的经济内容不同，分为资产类、负债类、所有者权益类、损益类、成本类和共同类。

（1）资产类会计科目。资产类会计科目分为流动资产类和非流动资产类。

第一，流动资产类会计科目。主要包括：库存现金、银行存款、其他货币资金、交易性金融资产、应收票据、应收账款、预付款项、应收利息、应收股利、其他应收款、存货等。

第二，非流动资产类会计科目。主要包括：长期股权投资、固定资产、在建工程、工程物资、无形资产、开发支出等。

（2）负债类会计科目。负债类会计科目分为流动负债和非流动负债。

第一，流动负债会计科目。主要包括：短期借款、应付票据、应付账款、预收款项、应付职工薪酬、应交税费、应付利息、应付股利、其他应付款等。

第二，非流动负债会计科目。主要包括：长期借款、应付债券、长期应付款等。

（3）共同类会计科目。共同类会计科目主要包括：衍生工具、套期工具、被套期项目。

（4）所有者权益类会计科目。所有者权益类会计科目主要包括：实收资本、资本公积、盈余公积、本年利润和利润分配等。

（5）成本类会计科目。成本类会计科目主要包括：生产成本、制造费用、劳务成本、研发支出等。

（6）损益类会计科目。损益类会计科目主要包括：主营业务收入、主营业务成本、管理费用、财务费用、销售费用、其他业务收入、其他业务成本、营业税金及附加、营业外收入、营业外支出、投资收益、所得税费用等。

二、账户分类与设置

（一）账户分类

为了对企业的经济业务活动进行系统的、分门别类的核算和监督，需要按照会计科目在账簿中开设一系列的账户。每一个账户都有其特定的核算内容、独特的经济性质用途和结构。为了正确地设置和运用账户，就需要从理论上进一步认识各个账户的经济内容和结构，以及在整个账户体系中的地位和作用。在了解各账户特性的基础上，了解各账户的共性和相互之间的联系，掌握各账户在提供核算指标方面的规律性。会计应按账户的共性对其进行分类，进一步了解各账户的具体内容，以满足会计信息使用者的信息需求。对账户进行分类，便于设置完整的账户体系，全面反映企业经营活动和资金运行情况；便于设置正确的账簿格式；为编制正确的会计报表服务。

1. 按要素分类的会计账户

（1）会计的资产类账户。资产类账户是核算企业各种资产增减变动及结余额的账户。资产按流动性不同，可以分为流动资产和非流动资产两类，因此，资产类账户也可分为反映流动资产的账户和反映非流动资产的账户两类。反映流动资产的账户有"库存现金""银行存款""交易性金融资产""应收票据""应收账款""预付账款""其他应收款""在途物资""原材料""库存商品"等账户。反映非流动资产的账户有"长期股权投资""固定资产""累计折旧""无形资产"和"长期待摊费用"等账户。

（2）会计的负债类账户。负债类账户是核算企业各种负债增减变动及结余额的账户。负债按照偿还期限不同，可以分为流动负债和非流动负债，因此，负债类账户也相应地分为反映流动负债的账户和反映非流动负债的账户两类。

（3）会计的所有者权益类账户。所有者权益的来源包括三个方面：所有者投入的资本；直接计入所有者权益的利得；损失留存收益等。反映所有者权益的账户也包括三类：反映所有者原始投资的账户有"实收资本"（股本）账户；反映直接计入所有者权益的利得和损失的账户有"资本公积"；反映留存收益的账户有"盈余公积"账户。

（4）会计的收入类账户。会计的收入类账户中的收入是指广义的收入。收入类账户是核算企业在生产经营过程中所取得的各种收入的账户。按照收入的不同性质和内容，可以分为营业收入和非营业收入。因此，收入类账户也包括两类：反映营业收入的账户有"主营业务收入""其他业务收入""投资收益"等；反映非营业收入的账户有"营业外收入"。

（5）会计的费用类账户。会计的费用类账户中的费用是指广义的费用。费用类账户是核算企业在生产经营过程中发生的各种费用的账户。按照费用的不同性质和内容，可以分为经营性费用和非经营性费用。反映经营性费用的账户有"生产成本""制造费用""主营业务成本""营业税金及附加""其他业务成本""销售费用""管理费用""财务费用""资产减值损失"和"所得税费用"等。反映非经营性费用的账户有"营业外支出"。

（6）会计的利润类账户。利润类账户是核算利润的形成和分配情况的账户，可分为核算利润形成情况的账户和核算利润分配情况的账户两类。核算利润形成情况的账户有"本年利润"，核算利润分配情况的账户有"利润分配"。

2. 按用途和结构分类的会计账户

账户按用途和结构的分类是在账户按经济内容分类的基础上，进一步研究账户在提供核算指标方面的规律性，对用途和结构基本相同的账户进行的适当归类。按经济内容分类是账户的基本分类方法，按用途和结构分类的账户体系是对按经济内容分类的账户体系的必要补充。账户的用途是指设置和运用账户的目的是怎样的，通过账户记录能提供哪些核算资料。账户的结构是指在账户中如何记录经济业务，以取得各种必要的核算资料。具体是指账户借方核算哪些内容，贷方核算哪些内容；如果有余额的话，期末余额在哪方，具体反映内容有哪些。按账户的用途和结构分类，可以使人们明确各个账户不同的使用方法和各个账户具体的作用。

会计账户按用途和结构分类，可以分为：基本账户、调整账户、成本账户和损益计算账户。其中，基本账户具体又可分为盘存账户、结算账户、跨期摊配账户和资本账户；调整账户具体可分为抵减账户和抵减附加账户；成本账户具体可分为集合分配账户、成本计算账户；损益计算账户具体可分为收入计算账户、费用计算账户和财务成果计算账户。

（1）会计的基本账户。基本账户是用来核算和监督企业资产、负债、所有者权益的增减变动和实有数情况的账户。由于这类账户反映的内容都是经济业务活动的基本内容，因而称其为基本账户。基本账户一般都有余额，期末分别列入资产负债表的资产、负债、所有者权益方。基本账户可分为盘存账户、结算账户、跨期摊配账户和资本账户四类。

第一，基本账户的盘存账户。基本账户的性质（按经济内容分类）属于资产类账户。盘存账户的用途是用来核算、监督可以进行实物盘点的各项财产物资和货币资金的增减变动及其实有数的账户。它是任何企业单位都必须设置的基本账户。其结构为在这类账户中，借方登记各项财产物资和货币资金的增加数；贷方登记其减少数。余额总是在借方，表示期末各项财产物资和货币资金的实有数。

属于盘存类的账户有"库存现金""银行存款""原材料""库存商品""固定资产"等。另外，"在途物资"账户的期初、期末余额表示尚未验收入库的材料。

基本账户的特点为这类账户一般都可以通过盘点方式进行清查，核对账实是否相符。明细账设置为除"库存现金"和"银行存款"账户外，其他盘存账户普遍运用数量金额式。

第二，基本账户的结算账户。结算账户是用来核算和监督企业与其他单位和个人之间债权债务结算业务的账户。由于结算业务性质的不同，结算账户具体又可分为资产结算账户（即债权结算账户）、负债结算账户（即债务结算账户）和资产负债结算账户（即债权债务结算账户）三类。结算账户的明细账设置：按照结算业务的对方单位或个人设置明细分类账户，只提供价值指标。

"资产结算"账户，具体为：①"资产结算"账户性质，按经济内容分类为资产类账户。②"资产结算"账户用途，资产结算账户也称债权结算账户，是用来核算和监督企业债权的增减变动和实有数额的账户。③"资产结算"账户结构，在这类账户中，借方登记债权的增加数，贷方登记其减少数。余额在借方，表示债权的实有数。其中属于资产结算账户的有"应收账款""其他应收款""应收票据""预付账款"等。

"负债结算"账户，具体为：①"负债结算"账户性质，按经济内容分类为负债类账户。②"负债结算"账户用途，负债结算账户也称债务结算账户，是用来核算和监督本企业债务的增减变动和实有数额的账户。③"负债结算"账户结构，在这类账户中，贷方登记债务的增加数，借方登记其减少数。余额在贷方，表示债务的实有数。其中，属于负债结算类账户的有"应付账款""其他应付款""应付职工薪酬""应交税费""应付股利"

"短期借款""长期借款""应付债券"和"长期应付款"等。

"资产负债结算"账户，具体为：①"资产负债结算"账户性质，按经济内容分类为资产负债双重性质，当期末余额在借方时，是债权结算账户；当期余额在贷方时，是债务结算账户。②"资产负债结算"账户用途，资产负债结算账户也称债权债务结算账户，是用来监督本企业与其他单位或个人以及企业内部各单位相互往来结算业务的账户。由于这种相互之间往来结算的性质经常会发生变动，企业有时处于债权人的地位，有时则处于债务人的地位。当企业的这种性质经常变化的往来结算业务不多的时候，按照重要性原则，可以简化核算手续，减少会计科目的使用，企业可设置同时具有债权债务双重性质的结算账户，在同一账户中反映本企业与其他单位的债权、债务的增减变化。③"资产负债结算"账户结构，在这类账户中，借方登记债权的增加或债务的减少数；贷方登记债务的增加或债权的减少数。期末余额如果在借方，为企业债权减掉债务后的净债权；期末余额如果在贷方，为企业债务减掉债权后的净债务。

其中，属于资产负债结算类账户的有：①预收账款不多的企业，可以不单独设置"预收账款"账户，将收到的预收账款直接计入"应收账款"账户的贷方。这样，"应收账款"账户同时核算企业应收账款和预收账款的增减变动和结果，就成为一个债权债务结算账户。②预付账款不多的企业，可以不单独设置"预付账款"账户，将支出的预付账款直接计入"应付账款"账户的借方。这样，"应付账款"账户同时核算企业应付账款和预付账款的增减变动和结果，就成为一个债权债务结算账户。③企业可以将"其他应收款"账户和"其他应付款"账户合并，设置一个"其他往来"账户，用来核算其他应收款和其他应付款增减变动和结果。这样，"其他往来"账户也是一个债权债务结算账户。

第三，基本账户的跨期摊配账户。跨期摊配账户是用来核算和监督应由若干个会计期间共同负担的费用，并将这些费用摊配于各个相应的会计期间，借以正确核算各个会计期间相关费用的账户。企业在生产经营过程中所发生的应由几个会计期间共同负担的费用，按权责发生制要求，必须严格划分费用的归属期，合理地分摊到各个会计期间。因此，企业需要设置跨期摊配账户来对这些费用进行记录和分摊，这样处理既符合权责发生制的要求，又可以按照配比原则，准确地计算各个会计期间的损益。跨期摊配账户有"长期待摊费用"。

"长期待摊费用"账户的用途。该账户用来核算本期已经支付，但应由本期和以后各期负担的分摊期限在一年以上的费用的支付和分摊情况。

"长期待摊费用"的账户结构。"长期待摊费用"账户的借方登记长期待摊费用的实际支出数，贷方登记由各个会计期间负担的费用的摊配数。期末余额为尚未分摊的数额。

第四，基本账户的资本账户。

资本账户用途。资本账户是用来核算投资者投资以及其他所有者权益的增减变动及实有额的账户。这是任何企业单位都必须设置的基本账户。

资本账户结构。在这类账户中，贷方登记投资者投资的增加数或其他所有者权益的增值额，借方登记投资者投资的减少数或其他所有者权益的抵减额。余额在贷方，表示所有者权益的实有数额。其中，属于资本类账户的有"实收资本""资本公积""盈余公积""利润分配"等。

（2）会计的调整账户。调整账户是用来调整有关账户的账面余额而设置的账户。为了适应会计核算的需要，有些资产项目需要开设两个账户来进行反映。其中的一个账户记录资产项目的原始数值，另一个账户用来记录对原始数值的调整数值。记录原始数值的账户称为被调整账户，记录调整数值的账户称为调整账户。由调整账户和被调整账户相互配合，可以求得某项指标的实存数。调整账户包括备抵账户和备抵附加账户两类。

第一，调整账户的备抵账户。

备抵账户性质。按经济内容分类为：备抵账户的性质取决于其所调整的被调整账户的性质，和被调整账户的性质相同。如果被调整账户是资产类账户，则调整账户也属于资产类账户。

备抵账户用途。备抵账户也称抵减账户，是用来抵减相关被调整账户余额以求得被调整账户实际余额的账户。

备抵账户特点。调整账户与被调整账户余额方向一定相反，金额一定相减。其中，属于抵减账户的有："累计折旧""固定资产减值准备""坏账准备""存货跌价准备""长期股权投资减值准备""累计摊销""无形资产减值准备"等。

备抵账户结构。备抵账户的账户结构取决于被调整账户的账户结构，与被调整账户的账户结构正好相反。

第二，调整账户的备抵附加账户。

备抵附加账户性质。按经济内容分类为：备抵附加账户的性质取决于其所调整的被调整账户的性质和被调整账户的性质相同。如果被调整账户是资产类账户，则调整账户也属于资产类账户。

备抵附加账户用途。备抵附加账户也称抵减附加账户，是既用来抵减又用来增加被调整账户的余额，以求得被调整账户的实际余额的账户。

备抵附加账户特点。备抵附加账户既可以作为抵减账户来发挥作用，又可以作为附加账户来发挥作用，兼有两种账户的功能。当该账户作为抵减账户发挥作用时，调整账户与被调整账户余额方向相反，金额相减；当该账户作为附加账户发挥作用时，调整账户与被调整账户余额方向相同，金额相加。

其中，属于抵减附加账户的有"材料成本差异"账户。当企业的材料核算采用计划成本法核算的时候，"原材料"账户登记的是材料的计划成本，"材料成本差异"账户登记的是材料的实际成本和计划成本的差异额，"材料成本差异"账户对"原材料"账户进行调整，可以得到材料的实际成本。因此，"材料成本差异"账户是"原材料"账户的抵减附加调整账户。当"材料成本差异"账户是借方余额时，表示实际成本大于计划成本的超支数，用"原材料"账户的借方余额加上"材料成本差异"账户的借方余额就是材料的实际成本；当"材料成本差异"账户是贷方余额时，表示实际成本小于计划成本的节约数，用"原材料"账户的借方余额减去"材料成本差异"账户的贷方余额，即为材料的实际成本。

（3）会计的成本账户。成本账户是用来核算和监督企业成本的增减变动和实有数情况的账户。成本账户有的有期末余额，有的没有期末余额。成本账户如果有期末余额，可以列入资产负债表的资产项内。成本账户可分为集合分配账户和成本计算账户两类。

第一，成本账户的集合分配账户。

集合分配账户用途。集合分配账户是用来汇集和分配经营过程中某一阶段所发生的某种间接费用，借以核算、监督有关间接费用计划执行情况和间接费用分配情况的账户。设置这类账户，一方面可以将某一经营过程中实际发生的间接费用进行归集，借以和计划指标进行比较，考核间接费用的超支和节约情况；另一方面也便于将这些费用进行分配。

集合分配账户结构。集合分配账户的借方登记费用的发生额；贷方登记费用的分配额。在一般情况下，登记在这类账户中的费用，期末应全部分配出去，通常没有余额。其中属于集合分配账户的有"制造费用"。

集合分配账户的特点。集合分配账户的特点为具有明显的过渡性质，平时用它来归集那些不能直接计入某个成本计算对象的间接费用，期末将费用全部分配出去，由有关成本计算对象负担。因此，这类账户期末费用分配后一般应无余额。

第二，成本账户的成本计算账户。

成本计算账户用途。成本计算账户是用来核算和监督经营过程中应计入特定成本计算对象的各项费用，并确定各成本计算对象实际成本的账户。设置和运用成本计算账户，可以正确地计算材料采购成本和产品生产成本。

成本计算账户结构。成本计算账户的借方汇集应计入特定成本计算对象的全部费用，包括直接计入该类账户的直接费用和先计入集合分配账户，然后再分配计入该类账户的间接费用；贷方反映转出的某一成本计算对象的实际成本。期末余额一般在借方，表示尚未完成的某一成本对象的实际成本。

成本计算账户明细账设置。除了设置总分类账户外，还应按照各个成本计算对象的具体成本项目分别设置明细分类账户，进行明细分类核算。明细账户既提供实物指标，又提供价值指标。

（4）会计的损益计算账户。损益计算账户是用来核算和监督企业收入、费用、利润的增减变动情况的账户。因此，损益计算账户可分为收入计算账户、费用计算账户和财务成果计算账户三类。收入计算账户和费用计算账户一般没有期末余额；财务成果计算账户年度内有余额，年末没有余额。

第一，损益计算的收入计算账户。

收入计算账户用途。收入计算账户是用来核算和监督企业在一定时期内所取得的各种收入的账户。

收入计算账户结构。收入计算账户的贷方登记取得的各种收入，借方登记收入的减少数和期末转入"本年利润"账户的收入数。由于当期实现的全部收入都要在期末转入"本年利润"账户，所以，收入计算账户期末没有余额。其中，属于收入计算账户的有"主营业务收入""其他业务收入""投资收益"和"营业外收入"账户。

收入计算账户明细账设置。应按照业务类别设置明细分类账，进行明细分类核算。

第二，损益计算的费用计算账户。

费用计算账户用途。费用计算账户是用来核算和监督企业在一定时期内所发生的应计入当期损益的各项费用的账户。

费用计算账户结构。费用计算账户的借方登记费用支出的增加额，贷方登记费用支出的减少数和期末转入"本年利润"账户的费用支出数。由于当期发生的全部费用支出数都要于期末转入"本年利润"账户，所以，该类账户期末没有余额。其中，属于这一类的账户有"主营业务成本""营业税金及附加""其他业务成本""销售费用""管理费用""财务费用"等。

费用计算账户明细账设置。应按业务内容、费用支出项目等设置明细分类账户，进行明细分类核算。

第三，损益计算的财务成果计算账户。

财务成果计算账户用途。财务成果计算账户是用来核算和监督企业在一定时期内全部经营活动最终成果的账户。

财务成果计算账户结构。"本年利润"账户属于典型的财务成果计算账户。财务成果计算账户的贷方登记期末从收入计算账户转入的各种收入数，借方登记期末从费用计算账户转入的各种费用数。年度内的期末，贷方余额表示企业所实现的利润数，借方余额表示企业所发生的亏损数。年终时，将实现的利润或亏损转入"利润分配"账户，结转后，年末没有余额。

（二）账户设置

会计科目的主要作用是将经济业务按照特定的类别和名称进行分类，而它本身并不能直接反映经济业务的具体增减变动和结果，因此无法进行具体的会计核算。为了实现对经济业务的增减变动和结果进行连贯、系统和全面的记录，必须在账簿中根据会计科目的要求开设相应的账户，以提供单位日常管理所需的核算资料和监督功能。

1. 账户设置的意义

账户是在账簿中根据会计科目开设，具有一定的格式，用来记录经济业务的增减变动及其结果的一种手段和方法。通过设置账户，可以对经济活动进行连续、系统、全面的记录和反映，加强对经济活动的监督和分析总结。不仅可以得到定期的资料，还能得到日常的资料；不仅有变动结果的静态资料，还能有变动本身的动态资料；不仅能提供某类核算指标的总括资料，还能提供此类核算指标更加详细的资料。

2. 账户设置的内容

为了正确记录和反映各项经济业务所引起的资产、负债、所有者权益、收入、费用和利润的增减变化及其结果情况，账户不但要有明确的核算内容，而且要有一定的结构，即账户由哪些部分组成，如何在账户中记录会计要素的增加、减少及余额情况。根据资金平衡原理，尽管各项经济业务发生引起的资金变动错综复杂，但从数量上看，不外乎增加和减少两种情况，因此反映各个会计要素的增加数、减少数和结余数三部分就是账户的基本结构。

为了方便，账户的结构通常用简化的"T"形或"丁"形格式表示。而在会计实务中，账户的格式并非如此简单，而是根据实际需要设计，一般包括如下内容。

第一，账户名称，应记为会计科目。

第二，日期和凭证号数，应说明账户记录的日期及来源。

第三，摘要，应概括说明记录经济业务的内容。

第四，增加或减少金额。

第五，期末余额。期末余额＝期初余额＋本期增加发生额−本期减少发生额。

账户左右两方的名称，以及哪一方登记增加额哪一方登记减少额，取决于该账户采用的记账方法及该账户所记录的经济业务内容。

3. 账户与会计科目的联系和区别

（1）联系。会计科目是账户的名称，决定了账户核算和控制的经济内容；账户是根据会计科目开设的，是对会计科目的具体运用，二者都是对会计要素的科学分类。

（2）区别。账户是对会计事项连续反映监督的一种方法，而会计科目是给每类会计事项规定的名称；账户具有一定的结构，是用来系统、连续地记载各项经济业务的一种手段，而会计科目只是对会计要素内容的分类项目。

没有会计科目，就无法将会计对象进行科学的分类，没有账户则无法记录和积累会计核算资料。设置会计科目和账户共同构成会计核算的重要方法，缺一不可。

第二节 会计凭证与会计账簿

一、会计凭证

经济业务发生后，会计工作要经过编制会计分录、登记账户，然后定期对每个账户进行汇总计算并试算平衡，再经过期末账项调整、结账，最后编制会计报表等一系列会计处理，这些会计处理形成了相互联系和循环往复的会计方法体系。然而会计方法的实施必须借助于一定的载体，即会计信息存载之处，这就是会计凭证、会计账簿和会计报表。与会计处理循环"分录—登账—编表"的模式相对应，会计信息载体也形成了"凭证—账簿—报表"的循环模式。

（一）会计凭证的意义

"会计凭证是记录经济业务、明确经济责任、据以登记会计账簿的一种具有法律效力的书面证明文件。填制和审核会计凭证，是会计核算的起点和基础，也是对经济业务进行日常监督，保证会计信息正确、合理、合法的重要环节。为了如实地反映会计主体经济业务的发生情况，明确各项经济业务经办人的经济责任，在经济业务发生时，不仅要取得和填制有关的会计凭证，更重要的是要对会计凭证进行审核，只有经过审核无误的会计凭证才能作为经济业务已经发生或完成的证明和登记会计账簿的依据。因此，会计凭证审核的意义非常重大，它不仅直接关系到企业的经营活动是否正常运行，关系到企业资金的掌握力度，而且在一定程度上还关系到企业未来的发展。"[①]

为了反映经济活动的全貌，必须将会计主体的任一经济活动都登记入账。而登记入账必须有凭有据，先办理会计凭证。这就是说，人们不能直接将经济业务登记到账簿中，应当按照有关规定和程序取得或填制会计凭证，经过审核无误的会计凭证才能作为登记账簿的书面证明，并据以登记账簿。在办理会计凭证的过程中，有关部门和人员要在会计凭证上盖章签字，以表示对会计凭证的真实性、正确性和合法性负责。因此，填制和审核凭证对实现会计职能和完成会计工作具有重要的意义。

第一，如实反映各项经济业务的实际情况。任何经济业务，如资金的取得和运用、销售收入的取得、财产物资的采购、生产经营过程中发生各项耗费、财务成果的形成和分配等，都需要取得或填制会计凭证，并以其为记账依据。会计凭证详细地记载了经济业务发生的具体内容，反映经济业务的发生、执行和完成情况。填制和审核凭证，是保证会计核算客观性和及时性的基础。

第二，确保经济业务合理合法。在记账前，会计人员通过审核会计凭证可以检查发生的经济业务是否符合国家有关方针、政策、制度、法律和法规，是否符合本单位的相关制度和规定，是否如实地反映经济业务的内容，已填制的会计凭证是否正确，等等，从而保证会计监督的有效性，及时发现会计核算和经营管理工作中存在的问题，防止不合理、不合法的经济业务发生，使企业的经济活动健康地发展。

第三，为登记账簿提供依据。只有经过审核无误的会计凭证才能作为记账的依据，没有会计凭证就不能记账，也就无法进一步进行其他会计核算。根据会计凭证记账可避免记账的主观随意性，使会计信息的质量得到可靠保证。

第四，便于分清经济责任。会计凭证不仅记录了经济业务的内容，而且要求有关部门和人员签名盖章，以对会计凭证的真实性、正确性、合法性负责，增强有关人员的责任感。日后即使发现问题，也可根据凭证上部门和经办人员的记录进行进一步追查，明确经济责任，必要时追究相应的法律责任。

（二）会计凭证的类型

1. 原始凭证

原始凭证亦称单据，是在经济业务发生时取得或填制的，用以记录和证明经济业务发生和完成的情况，并作为记账原始依据的会计凭证。原始凭证作为填制记账凭证或登记账

---

①赵晓艳. 浅谈会计凭证的审核 [J]. 东方企业文化，2011（4）：32.

簿的原始依据，其作用主要是证明与会计事项相关的经济业务实际发生和完成的情况，因此，凡是不能起到这种作用的一切单据，如材料或商品的请购单、经济合同、派工单等，均不能作为会计核算的原始凭证，而只能作为原始凭证的附件。

（1）原始凭证的类别划分。

第一，按来源不同，原始凭证可分为外来原始凭证和自制原始凭证。

外来原始凭证：外来原始凭证是与外单位发生经济业务时，从外单位或个人处取得的原始凭证，如购货时由销货方开具的发货票或增值税专用发票、付款时由收款单位开具的收据、银行收款通知、铁路运单等。由于经济业务不同，外来原始凭证的形式各有差异。

自制原始凭证：自制原始凭证是指由本单位自行制作并由内部经办业务的部门和人员在执行或完成某项经济业务时填制的仅供本单位内部使用的原始凭证。常用的自制原始凭证有收料单、领料单、限额领料单、产品入库单、产品出库单、销货发票、借款单、差旅费报销单、收款收据、成本计算单、扣款通知单、折旧计算表、工资结算单等。

第二，按填制手续不同，原始凭证可分为一次凭证、累计原始凭证和汇总原始凭证。

一次凭证：是指填制手续一次完成，一次记录一项或若干项同类经济业务的原始凭证。一次凭证的特点是填制一次完成，已填列的凭证不能重复使用。外来的原始凭证和自制的领料单、借款单、发货票等都是一次凭证。

累计原始凭证：是指在一定时期内，在一张凭证上连续地记载同类重复发生的经济业务的原始凭证。累计原始凭证既可以随时计算累计数及结余数，以便按计划或限额进行控制，又可以减少凭证张数，简化填制手续。工业企业的限额领料单和费用限额卡均属于累计原始凭证。

汇总原始凭证：又称为原始凭证汇总表。为了简化会计核算的记账凭证编制工作，将一定时期内反映同类经济业务的若干张原始凭证加以汇总，编制成一张汇总原始凭证，用以集中反映某项经济业务发生的总括情况，如收料凭证汇总表、发料凭证汇总表、工资汇总表等。

（2）原始凭证的要素。由于经济业务多种多样，相应的经济管理的要求不同，因此用来记录经济业务的原始凭证的格式和内容也会有不同的特点。但是，无论哪一种原始凭证都必须如实反映经济活动的发生和完成情况，并明确有关部门和人员的责任。也就是说，任何原始凭证都必须具备若干基本要素，这些基本要素如下。

第一，原始凭证的名称。原始凭证的名称是指凭证上标明的记录经济业务种类的名称，以便明确记录的内容。常见的原始凭证包括收料单、销货单、借款单、付款单、发票等。

第二，原始凭证的填制日期及编号。原始凭证的填制日期是指经济业务发生或完成的日期，一般应当及时填制，确保凭证的时效性。凭证上还应标明一个唯一的编号，用于辨别和管理不同的凭证，便于查询和审计。

第三，接受原始凭证的单位名称。原始凭证的接收单位是指负责接收和处理凭证的单位或部门，其名称应明确记录在凭证上。这有助于追溯经济业务的来源和去向，以及核对相关记录的准确性。

第四，填制凭证的单位名称、填制人员及经办人员的签名或盖章。凭证上应标明填制凭证的单位名称，以及填制人员和经办人员的签名或盖章。这样可以明确记录经济责任，确定相关人员的权责和责任范围。对外来的原始凭证，还应有填制单位所盖的公章，用以证明凭证的合法性和真实性。

第五，经济业务内容摘要。凭证上应有经济业务内容的摘要，即对经济业务的项目、名称和有关事项进行简要说明。摘要应当准确、清晰地表达经济业务的主要内容，方便后续查询和核对。

第六，经济业务涉及的实物数量、单价、金额和总额等。凭证上应明确记录经济业务涉及的实物数量、单价、金额和总额等重要信息。这些信息反映了经济业务的规模和金额，便于对账、核对和统计分析。实物数量和单价用于计算金额，而金额则构成了经济业务的核心指标之一。总额则是经济业务金额的汇总，方便进行整体的统计和分析。

（3）原始凭证的填制。原始凭证作为会计核算的原始证明，必须真实、正确和可靠。根据相关会计法规的规定，原始凭证的填制应该遵循以下基本要求和若干具体规定。

第一，填制原始凭证的基本要求。

记录真实：原始凭证的内容和数字必须反映经济业务的实际情况，凭证上的日期、经济业务的内容、数量金额等，不得随意填写、匡算、估算，不得有任何弄虚作假行为。原始凭证内容的真实、可靠是保证会计信息客观、有效的基础和前提。

内容完整：凡是原始凭证应该填写的内容，都必须逐项填写齐全，手续完备，不得随意省略或遗漏。除了某些特殊外来原始凭证，如火车票、汽车票等，其他从外单位取得的原始凭证都必须盖有填制单位的公章，没有公章的外来原始凭证属于无效的凭证，不能作为编制记账凭证的依据。从个人处取得的原始凭证，必须有填制人员的签名或盖章。自制原始凭证必须有经办部门负责人或其指定的人员的签名或盖章。购买实物的原始凭证，必须有验收证明。实物入账后，要按照规定办理验收手续，以明确经济责任，保证账实相符。支付款项的原始凭证必须有收款单位和收款人的收款证明。保证原始凭证内容完整和手续完备，是明确经济责任、实施会计监督的有效手段。

填制及时：原始凭证应在经济业务发生或完成时及时填制，以便及时办理后续业务，并按规定程序和手续将凭证送交会计部门，不得随意拖延和积压凭证，避免事后填制造成差错。此外，及时填制凭证还能使会计核算与经济业务尽量同步，有利于提高会计信息的质量。

第二，填制原始凭证的书写要求。

书写用笔：原始凭证要用蓝色或黑色墨水笔书写，不得使用圆珠笔和铅笔填写。文字端正，清晰整洁，易于辨认，不得使用未经国务院公布的简化字。

阿拉伯数字：金额数字前面应当书写货币币种符号或货币名称简写和币种符号，如"¥"（人民币）、"$"（美元）、"£"（英镑）等，且币种符号与阿拉伯金额数字之间不留空位。凡是阿拉伯数字前写有货币符号的，数字后面不再写"元"。所有以元为单位（其他货币种类为货币基本单位，下同）的阿拉伯数字，除表示单价等情况外，一律填写到角、分。无角、分的，角位和分位可写"00"，或者符号"—"；有角无分的，分位应当写"0"，不得用符号"—"代替。

汉字大写金额数字：汉字大写金额数字，如零、壹、贰、叁、肆、伍、陆、柒、捌、玖、拾、仟、万、亿等，一律用正楷或者行书体书写，不得用〇、一、二、三、四、五、六、七、八、九、十等字样代替，不得任意自造简化字。汉字大写金额数字到"元"或者"角"为止的，应当加写"整"字断尾；大写金额数字有"分"的，分字后面不写"整"字。汉字大写金额数字前未印有货币名称字样的，应当加填货币名称，且货币名称与金额数字之间不得留有空位。如果金额中间有一个或连续几个"0"，则大写金额只用一个"零"字表示。如金额¥1800040.20，汉字大写金额应为"人民币壹佰捌拾万零肆拾元贰角整"。另外，填有大写和小写金额的原始凭证，大写与小写金额必须相符。

空隙和高度：阿拉伯数字应当一个一个写，不得连笔写，特别注意连续写几个"0"时要单个写，不要将几个"0"一笔写完。数字排列要整齐，数字之间的空隙要均匀，不宜过大。此外，一般要求文字或数字的高度占凭证横格高度的1/2，并且要紧靠横格底线书写，使上方能留出一定空位，以便需要更正时可以再次书写。

多联凭证：对一式几联的原始凭证，应当注明各联的用途，并且只能以一联作为报销凭证；一式几联的发票和收据，必须用双面复写纸（发票和收据本身具备复写纸功能的除外）套写，并且每一联都必须写透，防止出现上联清楚、下联模糊甚至上下联金额不一致等现象。

错误更正：原始凭证所记载的各项内容均不得随意涂改、刮擦、挖补，否则为无效凭证。原始凭证若填写错误，应当由开具单位重开或者更正，更正工作必须由原始凭证出具单位负责，并在更正处加盖出具单位和经手人印章。但原始凭证金额错误的，不得在原始凭证上更正，应当由出具单位重开。提交银行的各种结算凭证上的数字一律不得更改，如遇凭证填写错误，应加盖"作废"戳记，保存备查，并重新填写。

连续编号：各种原始凭证必须连续编号，以备查考。如果凭证上已预先印定编号，如发票、支票、收据等，作废时应当加盖"作废"戳记，连同存根和其他各联一起保存，不得随意撕毁，不得缺联。

第三，填制原始凭证的其他规定。

经上级有关部门批准的经济业务事项，应当将批准文件作为原始凭证附件。如果批准文件需要单独归档，应当在凭证上注明批准机关名称、日期和文件字号。

职工公出借款凭据，必须附在记账凭证之后。收回借款时，应当另开收据或者退还借据副本，不得退还原借款收据。

发生销货退回的，要先填制退货红字发票，冲销原有记录。但红字发票不能作为退款的证明。退款时必须有退货验收证明，必须取得对方的收款收据或者汇款银行的凭证，不得以退货发票代替收据。

原始凭证遗失处理。从外单位取得的原始凭证如有遗失，应当取得原开出单位盖有公章的证明，注明原来凭证的号码、金额和内容等，或根据原始凭证存根复印一份，并由经办人员签名，报经办单位会计机构负责人和单位负责人批准后，代作原始凭证。如果确实无法取得证明，如火车票、轮船票、飞机票等凭证，则由当事人写出详细情况，经经办单位会计机构负责人和单位负责人批准后，代作原始凭证。

原始凭证分割。若一张原始凭证所列支的金额需要几个单位共同负担，应开具原始凭证分割单，将其他单位负担的部分单独列出，凭此结算所发生的款项。原始凭证分割单必须具备原始凭证的基本要素，包括凭证名称、填制凭证的日期及单位名称、接收凭证单位名称、经济业务内容摘要、数量、单价、金额、费用分摊情况、经办人签章等。

（4）原始凭证的审核。为了如实反映经济业务的发生和完成情况，充分发挥会计的监督职能，保证会计信息的真实、可靠，应由专门人员严格审核原始凭证。对原始凭证的审核主要从形式和实质两个方面进行。

第一，原始凭证的形式审核。原始凭证形式上的审核，侧重于审核凭证是否按照要求规范填写，办理凭证的相关手续是否完备。

完整性审核：根据原始凭证的构成要素，审核凭证中应填写的项目是否填写齐全，是否有漏项情况，日期是否完整，数字是否清晰，文字是否工整，凭证联次是否正确，有关经办人员是否都已签名或盖章，是否经过主管人员审批同意，等等。

正确性审核：审核原始凭证各项计算及其相关部分是否正确，如凭证的摘要和数字是否填写清楚、正确，数量、单价、金额、合计数是否正确，大小写金额是否相符，等等。

第二，原始凭证的实质审核。对原始凭证的审核，更重要的是实质审核，即审核原始凭证的真实性、合法性、合规性和合理性，审核原始凭证所载的经济内容是否符合有关政策、法令、制度、计划、预算和合同等的规定，是否符合审批权限，有无伪造凭证等不法行为。

真实性审核：真实性审核包括两方面：①审核凭证所记载的经济业务是否真实，包括凭证日期是否真实、业务内容是否真实、数据是否真实等内容，审查开出发票的单位是否存在。②凭证本身是否真实，尤其对于外来原始凭证，还要审核凭证是否为税务统一发票，防止以假冒的原始凭证记账。

合规性审核：根据国家有关的法规、政策和本单位相关规章制度，审核凭证所记载的经济业务是否有违反国家法律法规的问题，是否符合费用开支标准和规定的审批权限，是否符合企业生产经营需要，是否符合计划、预算，等等。

上述审核完毕，对完全符合要求的原始凭证，会计人员应及时据以填制记账凭证；对真实、合法、合理，但形式上不够完整或计算有误的原始凭证，会计人员可将其退回经办人员，更正后再进行有关会计处理；对不真实、不合法的原始凭证，会计机构和会计人员有权拒绝接受，并向单位负责人报告，及时制止、纠正不法行为。

2. 记账凭证

记账凭证俗称传票，是将审核无误的原始凭证或汇总原始凭证进行归类整理而编制的，是用来确定会计分录、作为登记账簿直接依据的会计凭证。由于日常经济业务比较繁杂，相应的原始凭证形式和格式也就多种多样，直接根据原始凭证登记账簿容易发生差错。因此，会计人员在按规定对原始凭证审核后，必须先经过一定的归类和整理，为有关原始凭证所记载的经济业务确定应借、应贷的会计科目和金额，即确定会计分录，然后根据记账凭证登记账簿。可见，原始凭证是记账凭证的重要附件和依据。记账凭证记载的是会计信息，从原始凭证到记账凭证是经济信息转换成会计信息的过程，是一种质的飞跃。

（1）记账凭证的类别划分。

第一，按是否与货币资金有关，记账凭证可分为收款凭证、付款凭证和转账凭证。

收款凭证：收款凭证是用来记录银行存款和现金收入业务的记账凭证，是根据货币资金收入业务的原始凭证填制的。根据借方科目是"银行存款"还是"库存现金"，收款凭证又具体分为银行存款收款凭证和现金收款凭证。凡涉及银行存款、现金收入业务的原始凭证，都应编制收款凭证。

付款凭证：付款凭证是用来记录银行存款和库存现金支付业务的记账凭证，是根据货币资金支付业务的原始凭证填制的。根据贷方科目是"银行存款"还是"库存现金"，付款凭证又具体分为银行存款付款凭证和现金付款凭证。对涉及银行存款、库存现金支出业务的原始凭证，应编制付款凭证。对涉及库存现金与银行存款之间的收付业务，如将现金送存银行或从银行提取现金，一律只填制付款凭证，不填制收款凭证。这就是说，当从银行提取现金时，应编制银行存款付款凭证；当将现金送存银行时，应编制现金付款凭证。这样处理既能避免重复记账，又有利于加强对付款业务的管理。

转账凭证：转账凭证是记录与银行存款或库存现金收付无关的转账业务的凭证，是根据不涉及货币资金收付的其他原始凭证填制的记账凭证。有的转账凭证没有或不需要填制原始凭证，可直接根据有关账簿资料填制，但需要在转账凭证上注明出处。转账凭证是登记转账日记账、明细分类账和总分类账等有关账簿的依据。

第二，按使用范围不同，记账凭证可分为通用记账凭证和专用记账凭证。

通用记账凭证：通用记账凭证是一种不分收款、付款和转账业务，任何经济业务都统一使用同一种格式的记账凭证。这种凭证一般适合业务不多、凭证数量少的单位。

专用记账凭证：专用记账凭证是按经济业务的某种特定属性定向使用的记账凭证。如前面介绍的专门用于记录货币资金收、付款业务的收付款凭证，专门用于记录转账业务的转账凭证。

（2）记账凭证的要素。记账凭证虽有不同种类，但是每一种记账凭证都要对原始凭证进行整理、归类，都是用来确定会计分录并据以登记账簿的一种会计凭证。记账凭证必须具备下列基本要素。

第一，记账凭证的名称。

第二，填制凭证的日期和凭证的编号。

第三，经济业务内容摘要。

第四，应借应贷的账户名称（包括总分类账户和明细分类账户）和金额，即会计分录。

第五，所附原始凭证的张数。

第六，填制、审核、记账、会计主管等有关人员的签名或盖章，收款凭证和付款凭证还需有出纳人员的签章。

（3）记账凭证的填制要求。填制记账凭证是会计核算的重要环节，正确填制凭证是保证账簿记录正确的基础。填制记账凭证应符合一些基本要求，如原始凭证审核无误、摘要填写简明扼要、内容附件完整无缺、会计分录编制正确、凭证书写清楚规范等。记账凭证填制的具体要求和注意事项如下。

第一，合理选择记账凭证类别。对经济业务不多的单位，可以选用通用记账凭证。而对业务频繁、凭证数量多的单位，则应选择专用记账凭证或单式记账凭证。对采用专用记账凭证的单位，会计人员对原始凭证审核无误后，应根据经济业务的具体情况，正确选择应使用的收款凭证、付款凭证或转账凭证。为了避免重复记账，对涉及库存现金和银行存款之间以及不同银行存款之间的划转业务，只填制付款凭证，不填制收款凭证。

第二，正确填写记账凭证日期。收款凭证和付款凭证的日期应按本单位库存现金或银行存款实际收入、付出的日期填写，一般是会计人员编制记账凭证的当日；转账凭证原则上也按编制凭证的日期填写，但是编制本月调整分录和月终结账分录时，应填写本月月末日期。

第三，摘要填写准确、扼要。摘要是对经济业务的简要说明，不论是手工填制凭证还是计算机填制凭证，都要在记账凭证上填写摘要。摘要应符合两个要求：①能准确地表述经济业务的基本内容。②简明扼要，容易理解。

第四，正确编制会计分录。根据经济业务内容确定应借、应贷的会计科目名称及金额是编制记账凭证最实质的要求。①各会计科目的总账科目要使用规范，各级明细科目要填写齐全，以便登记总分类账和明细分类账。②账户对应关系要清晰，尽量保持一借一贷、一借多贷和多借一贷的对应关系，一般应避免编制多借多贷的会计分录。③一张记账凭证一般只反映一项经济业务，不要将不同类型、不同内容的业务合并编制在一张记账凭证上。④金额必须与所附原始凭证完全一致，并且符合数字书写规范，角、分位不留空格，对金额栏的空行，应画斜线或"S"形线注销。合计金额的第一位数字前要填写币种符号，如人民币符号"￥"，不是合计金额，则不填写货币符号。

第五，正确选择编号方法。记账凭证应当连续编号，目的是分清会计事项处理的先后顺序，便于记账凭证与会计账簿之间的核对，确保记账凭证的完整。记账凭证的编号方法有多种，总的来说，有按月编号（业务极少的单位也可按年编号）、按编制凭证的顺序编号、一张记账凭证只编一个号等方法。具体方法应根据本单位采用的记账凭证的种类来确定。

通用记账凭证，采用顺序编号法。将当月发生的经济业务按会计处理顺序，以自然数1，2，3……连续编号，一直编到当月最后一张。

专用记账凭证，采用字号编号法。字号编号法是一种分类编号法，将不同类型的记账凭证用字加以区别，再将同类记账凭证按会计事项处理顺序连续编号。它具体又可以分两种情况，一种是纯粹的字号编号法，另一种是双重编号法。纯粹的字号编号法仅按凭证的类别编号，它既可以按三类格式编号，也可以按五类格式编号。三类格式编号是将收款凭证、付款凭证和转账凭证分别编为"收""付""转"三类，如"收字第××号""付字第××号"和"转字第××号"。更细的是五类格式编号法，即将现金收款凭证、现金付款凭证、银行存款收款凭证、银行存款付款凭证和转账凭证分别编为"现收""现付""银收""银付"和"转"五类，如"现收字第××号""现付字第××号""银收字第××号""银付字第××号"和"转字第××号"。双重编号法是将月份内记账凭证的总字号顺序编号与类别编号相结合的一种编号方法，如某一张付款凭证的编号为"总字第××号，付字第××号"。

上述不同的编号方法举例如下：20××年 12 月 8 日收到一笔银行存款，是该月第 52 笔业务，第 6 笔收款业务，第 2 笔银行收款业务，则运用通用记账凭证编号为"第 52 号"，运用字号编号法编号为"收字第 6 号"或"银收字第 2 号"，运用双重编号法编号为"总字第 52 号，收字第 6 号"或"总字第 52 号，银收字第 2 号"。

有时会计分录所涉及的科目较多，一张记账凭证填列不下，可以填制两张或两张以上记账凭证，这时可以采用分数编号法。分数编号法也适合于单式记账凭证的编号，它既可以与顺序编号法结合使用，也可以与字号编号法结合使用。但不论采用哪种方法编号，都应在每月最末一张记账凭证的编号旁加注"全"字，以防记账凭证散失。

第六，注明记账凭证的附件。记账凭证一般应附有原始凭证，并注明其张数。凡属收、付款业务的记账凭证都必须有原始凭证；转账业务一般也应附原始凭证，如赊销、赊购、材料领用、产品入库、各项摊提等，只有当更正错账和期末结账时才可以不附原始凭证。

附件的张数要用阿拉伯数字填写，并在记账凭证上注明。记账凭证张数计算的原则是：没有经过汇总的原始凭证，按自然张数计算；经过汇总的原始凭证，每一张汇总单或汇总表算一张。财会部门编制的原始凭证汇总表所附的原始凭证，一般也作为附件的附件处理，原始凭证汇总表连同其所附的原始凭证算在一起作为一张附件。但是，属收、付款业务的，其附件张数的计算要做特殊处理，应把汇总表及所附的原始凭证或说明性质的材料均算在张数内。当一张或几张原始凭证涉及几张记账凭证时，可将原始凭证附在其中一张主要的记账凭证后面，并在摘要栏内注明"本凭证附件包括××号记账凭证业务"字样，在未附原始凭证的记账凭证摘要栏内注明"原始凭证附于××号记账凭证后面"字样，以备查阅，或附上该原始凭证的复印件。

（4）记账凭证的审核。为了保证记账凭证符合记账要求和账簿记录的正确性，在记账前必须对记账凭证认真审核。对记账凭证的审核，主要从形式和内容两方面入手。

第一，记账凭证的形式审核。从形式上审核记账凭证，主要是为了确保凭证的填写符合填制要求、各项要素填写齐全并且有关人员已经签章。这个过程是会计工作中非常重要的一环，它确保了会计记录的准确性和可靠性，以及遵循财务会计的规范和标准。

第二，记账凭证的内容审核。主要包括：①根据国家财经法规、方针政策和本单位规章制度审核记账凭证所反映的经济业务是否合法、合理。②审核记账凭证所填列的会计分录是否正确，包括会计科目运用是否恰当、对应关系是否清晰、借贷金额是否平衡等。③审核所附的原始凭证的内容和张数是否与记账凭证所填列的相关内容相符，原始凭证的合计金额与记账凭证金额是否一致，即审核证证是否相符。

此外，对电算化账务系统，审核凭证比手工账务系统更加重要。因为，在电算化账务系统中，编制并输入记账凭证几乎是唯一的人工操作，所有的账簿数据都是由计算机自动计算汇总产生的，用户无法在记账过程中再次确认和计量。因此，只有做好记账凭证的审核工作，才能确保账簿数据和报表数据正确。无论是什么形式的账务系统，只有将记账凭证审核无误才能据以登记账簿。如发现记账凭证有错误，应及时查明原因，按规定方法更正。

（三）会计凭证的传递

会计凭证的传递是指会计凭证从填制（或取得）到归档保管的整个过程中，在本单位内部各有关部门和人员之间，按规定的时间、路线办理业务手续和进行处理的过程。合理地组织会计凭证的传递活动，能及时、真实地反映和监督经济业务的发生和完成情况，有利于各部门和有关人员分工协作，使经济活动能在正确的轨道上运行；有利于考核经办业务的有关部门和人员是否按照规定的手续办事，从而强化经营管理上的责任制，提高经营管理水平，提高经济活动的效率。

企业的会计凭证是从不同渠道取得或填制的，所记载的经济业务不同，涉及的部门和人员不同，办理的业务手续也不同。为了既保证经济业务有序进行，又保证会计凭证及时处理，有必要为各种会计凭证规定一个合理的传递程序，使经济业务和会计工作环环相扣，相互监督，提高工作效率。

会计凭证的传递主要涉及传递程序和传递时间两方面内容，制定合理的凭证传递程序和时间应遵循的总体原则是满足内部控制制度的要求，同时尽量提高工作效率。各单位会计凭证传递的具体要求，要视其经济业务特点、内部机构的设置、人员分工以及管理上的要求而定，一般应考虑以下两个方面。

1. 设计会计凭证的传递环节

在日常经济活动中，各单位的经济业务往往环节众多且程序复杂，并不存在适合各单位使用的统一的凭证传递程序。但是，每一项业务都必须按照内部牵制要求进行环节控制。会计凭证的传递包括原始凭证传递和记账凭证传递，一般来说，原始凭证的传递程序相对较为复杂，涉及企业的业务部门、管理部门和会计部门，而记账凭证一般只会在会计部门内部传递，其传递程序较为简单。

合理设计原始凭证的传递程序能有效实现对相关业务环节的职责牵制、分权牵制和物理牵制；正确设计记账凭证的传递程序能有效发挥会计的簿记牵制作用，从而使会计控制真正起到内部控制的作用。原始凭证的传递程序应恰当地体现在凭证各个联次的用途上，分别将其送交有关部门，这样既可以保证有关部门及时进行业务处理，避免因等待凭证而延误时间，也便于有关部门各自将所需的凭证归档保管，互不冲突。

例如，对于外购原材料并验收入库的业务，一般应由单位的供应部门填制一式数联的收料单，然后交仓库使其据以验收材料。仓库保管人员验收后填列实收数，并先由指定人员复核，再由仓库记账人员登记入账。随后，仓库将收料单的验收联送供应部门核对和记录，将收料单的记账联送交会计部门，会计部门审核后据以编制记账凭证。在明确凭证传递环节的基础上，还要规定凭证传递的每一环节所涉及的部门和人员应办理的手续和相应的责任。例如，对销售业务，应规定发货票上各联次应经过的销售、运输、仓库和会计等部门应完成哪些手续、负什么责任。

2. 确定会计凭证在各环节停留的时间

会计凭证传递除了符合内部牵制要求，还要讲求经济业务和会计处理的工作效率。内部牵制是一种控制手段，其本身并不是目的。凭证若经过不必要的环节或在某些环节滞留时间过长，就会影响凭证的传递速度，进而影响经济业务的效率和经济活动目标的实现。因此，各单位要根据有关部门和人员办理经济业务各项手续的必要时间，同相关部门和人员协商确定会计凭证在各环节停留的时间，规定凭证在各环节停留的合理时间，防止拖延和积压会计凭证，以确保凭证的及时和准确传递。此外，为了保证会计核算的及时性和真实性，所有会计凭证的传递都必须在报告期内完成，不允许跨期传递。

（四）会计凭证的保管

会计凭证的保管是指会计凭证在登记入账后的整理、装订和归档备查工作。会计凭证是重要的会计档案和经济资料，各单位都必须加以妥善保管，不得丢失或随意销毁。

1. 会计凭证的保管方法

（1）装订会计凭证。在装订之前，原始凭证一般用回形针或大头针固定在记账凭证后面，在这段时间内，要及时传递凭证，严防在传递过程中散失。应定期（每日、每旬或每月）将记账凭证按编号顺序整理，检查有无缺号和附件是否齐全，然后装订成册。装订时应加上封面和封底，在装订线上贴上封签，加盖会计人员印章，不得任意拆装。在会计凭证封面上应注明单位名称、所属年度和月份、起讫日期以及记账凭证种类、张数、起讫编号等。

（2）专人保管。会计凭证在装订后存档前，应由会计部门指定人员负责保管，但出纳不得兼管会计档案。年度终了，可暂由会计部门保管 1 年（最长不超过 3 年），期满后应由会计部门编造清册，将其移交给本单位档案部门，由档案部门保管。保管时，应防止受损、弄脏、霉烂以及鼠咬虫蛀等。

（3）特殊原始凭证的归档。对某些重要的原始凭证，如各种经济合同和涉外文件等凭证，为了便于日后查阅，应另编目录，单独装订保存，同时在记账凭证上注明"附件另订"；对性质相同、数量过多或各种随时需要查阅的原始凭证，如收料单、发料单、发货票等，可以不附在记账凭证后面，单独装订保管，在封面上注明记账凭证种类、日期、编号，同时在记账凭证上注明"附件另订"和原始凭证的名称及编号。

（4）调阅规定。作为会计档案，原始凭证不得外借。如果其他单位因特殊原因需要使用原始凭证，经本单位负责人批准，可以查阅或者复制，并填写"会计档案调阅表"，详细填写调阅会计凭证的名称、调阅日期、调阅人姓名和工作单位、调阅理由、归还日期、调阅批准人等。调阅人员一般不准将会计凭证携带外出。需复制的，要说明所复制的会计凭证名称、张数，经本单位领导同意后在本单位财会人员监督下进行，并应登记与签字。

2. 会计凭证的保管期限

从会计年度终了的第一天算起，原始凭证、记账凭证、汇总凭证和会计档案移交清册的保管期限均为 30 年，银行对账单和银行存款余额调节表的保管期限均为 10 年。应严格遵守会计凭证的保管期限要求，期满前不得销毁。对保存期满的会计凭证，也不得自行销毁，应履行必要的销毁程序。保管期满的会计凭证，应由本单位档案机构会同会计机构提出销毁意见，编制会计档案销毁清册，并由本单位负责人在销毁清册上签署批准意见，然后再履行规定的监理程序，方能销毁保管期满的会计凭证。

二、会计账簿

"会计账簿由具有一定格式、相互联系的账页所组成，用来序时、分类地全面记录公司、企业、行政事业和其他经济组织所发生的经济业务事项的会计簿籍。设置和登记会计账簿是重要的会计核算基础工作，是连接会计凭证和会计报表的中间环节，为了给经济管理提供系统的会计核算资料，各单位都必须在会计凭证的基础上设置和运用会计账簿，把分散在会计凭证上的大量核算资料，加以集中和归类整理，生成有用的会计信息，从而为编制会计报表、进行会计分析以及审计提供主要依据。"①

（一）会计账簿的作用

1. 为编制会计报表提供依据

会计凭证提供了大量零散的会计信息，这些信息通过设置和登记账簿得以归类和整理。这样的处理使会计报表的编制得以提供有关账户的明细和总括资料。通过对这些信息的进一步汇总和整理，就能生成完整的会计报表，以更综合地反映会计主体在一定时期内资产、负债、所有者权益的增减变动和结存情况，以及收入、费用、利润等经营成果情况。

会计账簿在编制会计报表中扮演着不可或缺的角色，起着连接会计凭证和会计报表的桥梁和纽带作用。

2. 为财务分析和财务检查提供依据

账簿通过对零散的会计信息归类整理，所提供的核算资料比会计报表信息更为具体和详细，为财务分析和财务检查提供依据。利用账簿提供的会计信息，可以分析企业资金的运用情况，考核各种预算的执行和完成情况，有利于企业改善自身经营管理；可以检查企业会计活动及会计信息形成的合法性、准确性和完整性，并对会计信息质量做出评价。

3. 作为历史会计信息资料方便查证

会计账簿是会计工作中非常重要的一部分，它是会计主体储存历史会计信息的档案。与会计凭证资料相比，会计账簿资料更容易查阅，比会计报表资料更为系统和全面，因此更便于有关部门和人员进行查证。

第一，储存历史会计信息。会计账簿记录了会计主体的全部业务活动和交易，包括收入、支出、资产、负债等方面的信息。这些信息对了解企业过去的经济状况、经营情况以及财务活动至关重要。会计账簿的记录能帮助管理者分析经营绩效、制定未来发展战略，并为决策提供依据。

第二，便于查阅。会计账簿中的信息按照时间顺序进行组织和记录，方便查找和追溯特定交易或业务活动的历史记录。无论是内部管理者、审计师还是税务机关，都可以通过查阅会计账簿快速了解企业的财务状况和经营情况。这种便捷性使会计账簿成为评估企业

---

①靳玉慧. 会计人员加深对账簿的认识研究 [J]. 中国经贸，2015 (5)：210.

信用、进行财务分析和监管的重要工具。

第三，系统和全面性。相比于会计凭证资料，会计账簿资料更加系统和全面。会计凭证是单个交易的记录，而会计账簿将这些交易按照一定的分类方式整理和归纳，形成系统的记录和汇总。通过会计账簿，可以查看不同科目下的所有交易明细，从而全面了解企业各个方面的财务状况。

第四，便于查证。会计账簿作为历史会计信息的储存，对相关部门和人员来说，具有很高的查证价值。例如，审计师可以通过查阅会计账簿核实凭证的真实性和准确性，确保企业财务报告的可靠性。税务机关也可以利用会计账簿来查验企业的纳税情况，避免偷税漏税的行为。

4. 提供连续、系统、全面、分类的会计信息

会计凭证是会计记录经济业务的重要工具。它们用于将会计主体的经济业务信息转化为会计信息。然而，这些会计信息在填制会计凭证时是零散的、片段化的，无法提供全面、连续、系统的会计信息。因此，会计凭证只能作为最初的会计信息载体。

为了解决会计凭证所存在的局限性，企业需要设置和登记账簿。通过账簿的设置和登记，企业可以将所有经济活动按照时间顺序和分类进行记录。这样做既可以对经济活动进行序时核算，也可以进行分类核算。通过账簿记录，企业可以提供各项总括指标和明细指标，从而连续、系统、全面、分类地提供会计主体某一时期内的全部经济业务核算资料。

账簿记录了企业的各种经济业务，如收入、支出、资产、负债等。常见的账簿包括总账、明细账、日记账等。总账用于记录企业的全部经济业务，按照科目进行分类，并提供总体的经济状况和资金状况。明细账则对总账中的每个科目进行详细记录，包括具体的金额和发生时间等。日记账则按照时间顺序记录企业的每笔经济业务，包括借方和贷方金额。

通过账簿记录和核算，企业可以获得更全面、准确的会计信息。它们不仅提供了经济活动的时间顺序和分类信息，还可以计算各项指标，如资产负债表、利润表、现金流量表等。这些指标可以帮助企业进行经济分析、决策和报告，同时也满足了法律、税务和监管机构对会计信息的要求。

（二）会计账簿的分类

1. 依据用途进行划分

（1）序时账簿。序时账簿也称日记账或流水账，是按照经济业务发生和完成的先后顺

序，逐日逐笔进行连续登记的账簿。在会计核算中，先后顺序是指收到会计凭证的先后顺序，即记账凭证编号的先后顺序。序时账簿可以用来及时、详细地反映经济业务的发生和完成情况，提供连续、系统的会计资料，也可以用来和分类账的有关账户相互核对。序时账簿按其记录经济业务范围的不同，又分为普通日记账和特种日记账两种。

第一，普通日记账。普通日记账又称分录簿，是指直接以原始凭证为依据，按照发生的时间顺序以会计分录的形式将经济业务登记入账的账簿，其起到了记账凭证的作用。因此，普通日记账具有日记账簿和分录簿的双重性质。普通日记账可以连续、全面地反映一个单位的经济业务动态，十分便于企业决策管理部门使用。但是，根据日记账逐笔登记分类账的工作量较大，不便于分工记账，比较适合电算化会计的账务处理。

第二，特种日记账。特种日记账就是专门用来序时登记某一特定经济业务的日记账。通常，若某种业务特别重要而又频繁发生，需要严加控制、经常复核，则需要对这种业务设置特种日记账，并由专人负责登记。如现金收支业务、银行存款收支业务、购货业务、销货业务，相应地就可设置现金日记账、银行存款日记账、购货日记账和销货日记账。

（2）分类账簿。分类账簿简称分类账，是对各项经济业务按账户分类登记的账簿。分类账按其核算指标的详细程度，可分为总分类账和明细分类账两种。

第一，总分类账。总分类账简称总账，是根据总分类科目设置的，用来总括反映全部经济业务的账簿。在实际工作中，每个会计主体应该设置一本总账，包括所需的所有会计账户。

第二，明细分类账。明细分类账简称明细账，是根据总账科目设置，按其二级或明细科目设置的，用来分类登记某一类经济业务，提供详细核算资料的账簿。在实际工作中，每个会计主体可以根据经营管理的需要，为不同的总账账户设置明细账。还有一种将序时账簿和分类账簿相结合的账簿，即联合账簿。对经济业务比较简单、总分类账户不多的单位来说，为了简化记账工作，也可以把序时记录和总分类记录结合起来，在同一本账簿中进行登记。这种同时具备日记账和总分类账两种用途的账簿称为联合账簿。日记总账就是典型的联合账簿。

（3）备查账簿。备查账簿又称辅助账，是指对某些在日记账和分类账中不能登记或记录不全，而在管理上需要掌握的经济业务，为便于备查而进行补充登记的账簿。它可以对某些经济业务提供必要的详细参考资料，如"经营性租入固定资产登记簿""应收票据备查簿""应付票据备查簿""受托加工材料登记簿""代管商品物资登记簿"等。备查账簿没有固定的格式，可根据实际需要灵活设置，而且并非每个单位都必须设置。备查账簿不受分类账控制，与其他账簿之间不存在严密的依存、钩稽关系。

2. 依据外表形式进行划分

所谓账簿的外表形式，就是指账簿的账页组成方式。按账簿外表形式的不同，会计账簿可分为订本式账簿、活页式账簿和卡片式账簿三种。

(1) 订本式账簿。订本式账簿简称订本账，是指在账簿启用前就把编有顺序号的若干账页固定并装订成册的账簿。采用订本式账簿能避免账页散失和账页抽换，从而保证账簿资料的安全与完整。但是由于账页固定，订本式账簿不能根据记账需要增减账页，因此必须预先估计每一个账户需要的页数，以此来保留空白账页，多则浪费，少则不够，从而会影响账户的连续登记。此外，同一本账在同一时间内只能由一人登记，不便于分工记账。订本账主要适用于现金日记账、银行存款日记账和总分类账。

(2) 活页式账簿。活页式账簿简称活页账，它是将分散的账页装存于账夹内但不固定，可以随时增减账页的账簿。活页式账簿的特点正好与订本账相反，其优点主要是可以根据需要增减或重新排列账页，便于分工记账，提高会计工作效率；缺点主要是账页容易散失，容易被抽换。为保证账簿资料的安全与完整，在使用活页账之前，应按账页顺序编号，并由记账员或会计主管人员签章，在不再继续登记时，应加上目录并装订成册。活页账主要适用于各种明细分类账。

(3) 卡片式账簿。卡片式账簿简称卡片账，是指由分散的硬纸卡片作为账页、存放在卡片箱中的一种账簿。卡片账在使用之前不需装订，根据记录需要可以增添卡片数量，可以跨年度使用，不一定需要每年更换新账。在使用卡片账时，为防止散失和抽换，应按顺序编号，并由有关人员在卡片上签章，同时存入卡片箱内由专人保管。卡片账的优缺点与活页账相同。在使用完毕更换新账后，应将其封扎存档，妥善保管。在会计实务中，它主要适用于记载内容比较复杂的财产物资明细账，如固定资产明细账、低值易耗品明细账等。

(三) 会计账簿的设置

设置账簿，简称建账，就是要建立会计主体的账簿体系。一般而言，会计账簿的组织要适应企业的规模和特点，符合单位内部经营管理的需要，并能满足直接提供编制会计报表资料的需要，同时还应该简洁明了，便于审核、查阅和保管。在此基础上，设置账簿要求具体确定应设置哪些总分类账簿和明细分类账簿，并为每一账户确定账页的格式、内容及登记方法。

在会计核算方法中，账簿的格式大多用 T 形账户代替。但是在会计实务中，并非所有的账簿记录都登记在相同格式的账页中，原因在于：①不同账簿有不同的用途，不同用途的账簿有不同的要求，如分类账和日记账。②即使在分类账内部，不同账户的性质也不同，如总分类账户和明细分类账户、财产物资类明细账、费用类明细账和债权债务类明细账等。③不同单位经营管理的特点不同，需要账簿记录所提供的会计信息能满足其特有的要求，因此，在登记账簿时应根据不同情况选择不同格式的账页。

1. 日记账

日记账有普通日记账和特种日记账两种，其特点是序时登记，即逐日逐笔地登记经济业务，以便及时、详细地反映经济业务的发生和完成情况，提供连续的会计资料。

（1）普通日记账。普通日记账的设置分两种情况：一种是企业不设置特种日记账，只设置普通日记账；另一种是普通日记账与特种日记账同时设置。在第一种情况下，企业不设特种日记账，普通日记账要序时地逐笔登记企业的全部经济业务；在第二种情况下，除普通日记账外，企业还要设置现金日记账、银行存款日记账、赊销日记账和赊购日记账等特种日记账，普通日记账只序时登记除特种日记账以外的经济业务，即货币资金收付和赊购、赊销业务，由相应的特种日记账登记，除赊购、赊销以外的转账业务则由普通日记账登记。

但是，无论对哪一种情况下的普通日记账，企业一般都不必填制记账凭证，而是将会计分录登记到各种日记账中，即用日记账代替记账凭证，然后再根据日记账登记各种分类账。在这种情况下，记账程序变成"原始凭证—普通日记账—分类账"，我国一般不采用这种记账程序，而国外使用较广。填制记账凭证是我国会计法中规定的法定会计核算环节，因此我国会计的记账程序应该为"原始凭证—记账凭证—分类账"。

普通日记账的账页格式是两栏式，即只设"借方金额"和"贷方金额"两个金额栏，不设余额栏，不需要结出余额。

（2）特种日记账。特种日记账是专门用来序时登记某一特定经济业务的日记账，如现金收款业务、银行存款收付款业务、赊购业务和赊销业务等，这些业务在企业大量重复发生，将它们从普通日记账中分割出来，专设现金日记账、银行存款日记账、赊销日记账和赊购日记账，这样既有利于会计分工记账，又可以对这些业务进行专门控制。

根据企业是否设置记账凭证，特种日记账可分成两种不同的情形，初学者必须注意加以区分。对不设置记账凭证的企业，特种日记账和普通日记账共同作为记载会计分录的账簿，它们一方面根据原始凭证登记，另一方面又作为登记分类账的依据，这种特种日记账实际上起着记账凭证的作用，相应的账务处理程序称为普通日记账账务处理程序。对设置记账凭证的企业，特种日记账不是根据原始凭证而是根据记账凭证登记的，它们也不能作为分类账登记的依据，而仅仅用来详细登记库存现金、银行存款收付等业务，以便加强对货币资金的控制，并能方便地与"库存现金"和"银行存款"等总分类账户核对，起到了明细账的作用。

我国会计制度要求设置记账凭证，我国企业采用的是特种日记账。因此接下来阐述的特种日记账主要是指现金日记账和银行存款日记账。

第一，现金日记账。现金日记账专门用于记录库存现金每天的收入、支出和结存情况，由出纳人员根据审核以后的现金收款凭证、现金付款凭证等逐日逐笔按顺序进行登记，其所记载的内容必须与会计凭证相一致，不得随意增减。设置和登记现金日记账，可以了解和掌握单位库存现金每日收支和结存情况，并可及时核对，以保证现金的安全。

现金日记账一般按币种设置。如果一个单位的库存现金只有人民币一种，则可只设一本现金日记账；若还有外币库存现金，则有几种就设置几本现金日记账，以分别反映不同币种现金的收付和结存情况。登记现金日记账时应逐笔、序时登记，做到日清月结。为了及时掌握现金收付和结余情况，现金日记账必须当日账务当日记录，每日终了，出纳人员应计算全日的现金收入、支出和结余额，并与库存现金实际数核对。要注意，现金日记账不得出现贷方余额或红字余额。对现金收支频繁的单位，还应随时结出余额，以方便掌握库存现金的实际动态。

现金日记账必须采用订本式账簿，其账页格式可分为三栏式和多栏式两种，在实际工作中普遍采用的是三栏式现金日记账：①三栏式现金日记账是指在同一张账页上分设"收入""支出"和"结余"（或者"借方""贷方"和"余额"）三个金额栏目的日记账。②多栏式现金日记账：为了便于反映每笔收支的来源和用途，以便分析和汇总对应科目的金额，也可以采用多栏式现金日记账，即分别按照对方科目对收入栏和支出栏设专栏进行登记。这种账簿可以通过有关专栏的定期汇总，将其合计数过入有关总分类账，无须逐笔过账，其他栏目的账户则仍须逐笔过账。在多栏式现金日记账中，由于经常重复出现的对应账户都已设置专栏，故可以大大减少总分类账的登账工作量。

第二，银行存款日记账。银行存款日记账是专门用来记录银行存款增加、减少和结存情况的账簿。设置和登记银行存款日记账，可以加强对银行存款的日常监督和管理，保证银行存款的安全。

银行存款日记账应按企业在银行或信用社开立的不同账号和币种分别设置，以管理单位不同账户和币种的银行存款收付业务。银行存款日记账通常是由出纳人员根据审核无误的银行收款凭证和付款凭证逐日逐笔按顺序登记的，要做到日清月结，每日终了结出余额，以便检查和监督各种收支款项，并定期与银行送来的对账单逐笔核对。

与现金日记账一样，银行存款日记账也必须采用订本式账簿，其账页格式既可以采用三栏式，也可以采用多栏式。多栏式银行存款日记账可只设一本银行存款日记账或分别设置银行存款收入日记账和银行存款支出日记账。银行存款的收付需要根据银行结算凭证进行，为了便于与银行对账并加强对单位票证的管理，银行存款日记账要专设"结算凭证——种类、号数"栏。

2. 分类账

设置与登记分类账，可以分类反映全部经济业务，提供资产、负债、所有者权益、收入、费用等方面每一个账户总括的详细的会计核算资料，为会计信息使用者提供系统的会计信息。

（1）总分类账。总分类账简称总账，是按总分类账户进行分类登记的账簿。为了全面、总括地反映经济活动的情况，并为编制会计报表提供必要的数据，任何单位都必须设置总分类账。

总分类账一般采用订本式账簿，并按照一级科目的编号顺序分设账户，为每个账户预留若干账页，以集中登记属于各账户的经济业务及其变动情况。总分类核算只运用货币计量，常用三栏式账页。三栏式总分类账设有"借方""贷方"和"余额"三个金额栏，有反映对方科目栏和不反映对方科目栏两种格式。

总分类账是会计人员根据审核无误的记账凭证直接或汇总登记的，其登记依据和方法与各单位所采用的账务处理程序有关。一般来说，总分类账的登记方法有：①逐笔登记法，即总账直接根据记账凭证逐笔登记。②汇总登记法，即定期将所有记账凭证汇总，按照一定方法编制汇总记账凭证（包括汇总收款凭证、汇总付款凭证和汇总转账凭证），月末根据其合计数登记总账。③汇总登记与逐笔登记相结合，即对经常重复发生的业务采用汇总登记法，对较少发生的业务采用逐笔登记法。④以表代账，即以科目汇总表代替总分类账。还有一种总账是日记账和总分类账相结合的联合账簿，即多栏式日记总账。

（2）明细分类账。明细分类账账簿是根据明细会计科目设置的簿籍。在总分类账的基础上，设置与登记明细分类账，可以提供明细的会计核算资料。明细分类账一般采用活页式账簿，也有采用卡片账的，如固定资产卡片可作为固定资产明细账。明细分类账的格式，应根据它所反映的经济业务内容的特点、实物管理上的要求来设计。常用的明细分类账有三栏式、数量金额式、多栏式和平行式等多种格式，会计人员应根据记账凭证、原始凭证或原始凭证汇总表定期登记，或者逐日逐笔登记。

第一，三栏式明细分类账。三栏式明细分类账只设"借方""贷方"和"余额"三个金额栏，其格式与三栏式总分类账基本相同。它适合于那些只需要金额核算，不需要数量核算的债权、债务等明细分类账户，如应收账款明细账、应付账款明细账、其他应收款明细账、短期借款明细账、长期借款明细账、其他应付款明细账等。

第二，数量金额式明细分类账。数量金额式明细分类账的账页，在"收入""支出"和"结余"栏内，分别设有"数量""单价"和"金额"专栏。这种格式适用于既要进行金额核算，又要进行数量核算；既有价值指标，又有实物指标的各种财产物资，如"原材料""库存商品"等明细分类账户。它们应按品种、规格分别设置，列明品名、规格、存放位置、储备定额和最高、最低储备量等。

第三，多栏式明细分类账。多栏式明细分类账是根据管理需要，在一张账页内不仅按借、贷、余（或收、支、余）三部分设置金额栏，还要按明细科目在借方或贷方设置许多金额栏，以集中反映有关明细项目的核算资料。这种格式通常适合在管理上需要了解构成内容的成本费用、收入类账户的明细核算，并将其内容设置成专栏。其专栏的设置一般取决于明细分类账户的数目及其所包含的经济内容，以及管理上需要对这些经济内容了解和掌握的详细程度。多栏式明细分类账主要适合成本费用、收入类账户的明细核算，成本费用类多栏式明细分类账应按借方设置专栏，如"在途材料""生产成本""制造费用""在建工程""管理费用""财务费用""营业外支出"等。收入类明细分类账应按贷方设置专栏，如"主营业务收入""营业外收入"等。还有些账户可以同时按借方和贷方设置专栏，如"应交税费—应交增值税""本年利润"等。

与三栏式明细分类账相比，多栏式明细分类账能在一张账页上反映某一级账户的所有下一级明细项目，登记和查阅均十分方便。但它不能随意增加或更改专栏名称，因此多栏式明细分类账比较适合明细科目能预先确定并且相对固定的账户。如"生产成本"按成本计算对象设账页后，再按成本项目设专栏，其中成本项目中的"直接材料""直接人工""制造费用"能预先设定且固定不变。

第四，平行式明细分类账。平行式明细分类账也称横线登记式明细分类账，其账页的基本格式是设置"借方"和"贷方"两栏。当经济业务发生时在一方登记，与其相应的业务则不管何时发生，均在同一行次的另一方平行登记，以加强对这一类业务的监督。比如，职工预支和报销差旅费业务，在登记职工预支款业务后，无论职工何时报销或归还，都在同一行次中登记报销或款项收回情况。平行式明细分类账主要适合往来款项等账户的明细核算，如"其他应收款""其他应付款"等。

明细分类账除了上述常用的四种格式外，还可根据不同的经济业务和管理上的需要采用其他专门格式，如开展分期收款销售业务的企业，其应收账款明细账要采用累计金额式明细账；同时涉及人民币和外币两种货币记账的企业，其相关的明细账要采用复币式明细账。

3. 备查账簿

有些经济业务，在日记账和分类账中不予登记，但在管理上需要加以控制或掌握情况，这就需要设置备查账簿，以补充日记账和分类账记录的不足。

备查账簿的种类和格式比较灵活，可根据单位的实际需要设计。它一般有下列三种类型。

（1）代管财物登记簿。有些财产物资，企业虽没有所有权，但企业对其负有保管和使用的责任，因而需要设置备查账簿并进行登记，此类备查账簿有包装物登记簿、代加工材料登记簿、代管商品物资登记簿等。

（2）账外财物登记簿。某些工具、用具，其单位价值比较低，领用时在会计上做一次性费用处理。然而这些工具、用具使用期一般比较长，这就意味着这些财产物资尽管仍在企业内被使用，但是会计账面已不反映其实物形态和价值。为了加强管理，防止出现漏洞和浪费，可以设置账外财物登记簿，记录领用日期、领用人、领用数量、报废日期等情况，以加强控制。

（3）其他备查账簿。对某些不纳入企业分类账核算范围，而业务上又需要掌握的事项，均可通过设置备查账簿来控制。例如，为了掌握应收票据收到、贴现、背书、承兑等情况，可设置应收票据登记簿；为了了解经济合同的执行情况，可设置经济合同执行情况登记簿。

（四）会计账簿的启用

账簿是重要的会计档案。为了确保账簿记录的真实、完整和合法，明确记账责任，会计人员在启用账簿时，应在账簿封面上写明单位名称和账簿名称，并在账簿扉页的"账簿启用及交接表"或"账簿启用和经管人员一览表"上填写账簿启用及交接等相关内容。具体包括：启用日期、账簿页数以及记账人员、会计机构负责人和会计主管人员的姓名，并加盖人名章和单位公章。会计人员在填写"账簿启用及交接表"时，应遵循以下规则。

第一，启用订本式账簿，应当从第一页到最后一页按顺序编写页数（预先印定页数的账簿除外），不得跳页、缺号；启用活页式账页，应当按账户顺序编号，并须定期装订成册，装订后再按实际使用的账页顺序编写页码，另加目录，并记明每个账户的名称和页次。扉页的起止页数可于装订时填写。银行存款日记账启用后还要将开户银行的全称、银行账号等内容填写完整。

第二，填写记账人员和会计机构负责人、会计主管人员的姓名，并加盖人名章和单位公章。

第三，记账人员或会计机构负责人、会计主管人员调动工作时，在办好账簿移交手续后，在启用表上应当注明交接日期、接办人员或监交人员姓名，并由交接双方人员签名或盖章，以明确相关人员的责任。

（五）会计账簿的登记

1. 账簿登记的要求

为了保证账簿记录的正确性，记账时必须根据审核无误的会计凭证，按规定方法进行登记。账簿登记的基本要求如下。

（1）账簿登记及时。一般来说，登记账簿的时间间隔越短越好。①总账登记应视单位的账务处理程序而定。有的按照记账凭证逐日或定期登记，有的根据汇总凭证或汇总表定期登记。②明细账和日记账登记，应根据原始凭证或原始凭证汇总表、记账凭证每日登记或定期（每隔 3 日或 5 日）登记。但是为了及时核对各种财产余额，随时与债权债务单位结算，现金日记账和银行存款日记账必须每日逐笔登记，债权债务和财产明细账也必须每日登记。

（2）账簿登记完整。登记账簿时，应当将记账凭证的日期、编号、经济业务内容摘要、金额和其他有关资料逐项登记入账。每一笔业务登记完毕后，都要在记账凭证上签名或盖章，并在"过账"栏内注明相应账簿的页码或记账符号"√"，表示已登记入账，以免重复或漏记，且便于凭证与账簿之间互相比较。实物类明细账应填写编号、品名、规格、单位、数量、单价等，固定资产明细账除了按实物类明细账的要求填写，还应填写使用年限、预计残值（率）、月折旧额（率）、存放地点等项。

（3）账簿登记连续。各种账簿应按页次顺序连续登记，不得跳行、隔页。如果发生跳行、隔页，应当将空行、空页画线注销，或者注明"此行空白""此页空白"字样，并由记账人员签名或盖章。不得任意撕毁订本式账簿的账页，也不得任意抽换活页式或卡片式账簿的账页，以防舞弊。

（4）书写规范。字迹要清楚、工整，文字和数字上方要留有适当空格，不要写满格，一般占格高的 1/2 左右，以保证账簿的清晰、整洁和美观，并为更正错误留出余地。要用蓝黑墨水或者碳素墨水书写，不得使用圆珠笔（银行的复写账簿除外）或者铅笔书写。用红色墨水登记账簿可以在下列情况中出现（指金额）：①按照红字冲账的记账凭证，用红字冲销错误记录。②在不设"借""贷"等栏的多栏式账页中，用红字登记减少数。③三栏式账户"余额"栏前若未印明余额方向，在"余额"栏内用红字登记负数余额。此外，根据国家会计制度的有关规定，用红色墨水登记账簿还用于其他会计记录，如期末结账时，用红色墨水画红线；更正错账时，画红线更正；在账簿登记发生跳行隔页时，红色墨水画对角线注销空行或空页。

2. 账簿登记的内容

（1）日期栏。在填写日期时，每一页的第一笔业务的年、月应在"年""月"栏中填写齐全，只要不跨年度或月份，以后本页再登记时，只需填"日"，一律不填写月份。当同页跨月登记时，应在上月的月结线下的月份栏内填写新的月份。

（2）余额栏。凡需要结出余额的账户，结出余额后，应当在"借"或"贷"等栏内写明"借"或"贷"等字样。没有余额的账户，应当在"借"或"贷"等栏内写"平"字，并在余额栏内用"0"表示，一般来说，在"余额"栏内标注的"0"应当放在"元"位。现金日记账和银行存款日记账必须逐日结出余额。

（3）转页处理。当一账页登记完毕结转下页时，应当在下页的第一行摘要栏内注明"承前页"字样，即进行转页处理。按"承前页"所承的时期不同，转页处理有两种方法：一种是"承前页"只承前页发生额合计数及余额；另一种是承本月（日记账为本日）连续累计发生额及余额。采用第一种方法，当某一账页登记完毕时，应将该页的合计数及余额填写在该页最后一行的有关栏内，并在这行的摘要栏内注明"过次页"字样，然后在下页第一行有关栏内转抄上页的合计数及余额，并在摘要栏内注明"承前页"字样。也可以不设"过次页"，直接将本页合计数及余额写在下页第一行有关栏内，并在摘要栏内注明"承前页"字样。采用第二种方法，"承前页"的金额是本月（日记账为本日）连续累计发生额及余额，其登记方法与第一种处理方法相同。一般来说，对会计人员月末结账的工作效率而言，第二种处理方法更为有效。

（4）错账更正。账簿登记中如果发生错误，不准涂改、挖补、刮擦或者用药水消除字迹，不准重新抄写，必须按照规定方法予以更正。

（5）便捷符号。为了提高工作效率，记账时允许使用一些便捷符号。单价可用"@"表示，如单价为18元，可写作"@18元"；号码顺序可用"#"表示，如第35号，可写成"#35"，但不能写作"35#"。

3. 总分类账和明细分类账的平行登记

总分类账户是根据总分类科目设置的，用来对会计要素的具体内容进行总括分类核算，它对明细分类账户起着统驭的作用。明细分类账户是根据明细分类科目设置的，用来对会计要素的具体内容进行明细分类核算，对总分类账起着说明和补充作用。总分类账户及其明细分类账户反映的内容是相同的，只是核算指标的详细程度不同，因而应保持总账与明细账记录的一致性，采取平行登记的方法。所谓总分类账和明细分类账的平行登记，是指对所发生的每项经济业务都要根据会计凭证，既记入相关总分类账户，又记入其明细分类账户的一种登记方法。平行登记，一方面可以满足对总括资料和详细核算资料相互核对的要求，另一方面也可以及时检查会计记录的正确性。平行登记方法是企业内部牵制制度在会计核算方面的具体运用。

平行登记的要点通常可以归纳为四个"同"，即同时期、同依据、同方向和同金额，具体如下。

（1）同时期登记。同时期登记又称双重登记，是指对同一笔经济业务必须在同一会计时期内登记，即既要记入有关的总分类账户，也要记入其所属的明细分类账户，不能漏记或重记。这里所指的同时期是指同一会计期间（如同一个月）而非同时刻。

（2）同依据登记。总分类账户及其明细分类账户是对同一笔业务不同程度的反映，登账时所依据的是同一原始凭证，分别以总括指标和详细指标的形式反映同一项内容。

（3）同方向登记。同方向登记是指对同一笔经济业务，在登记总分类账户和明细分类账户时，其各自的记账方向必须一致。如果总分类账户登记在借方，其明细分类账户也应记在借方；如果总分类账户登记在贷方，其明细分类账户也应登记在贷方。

（4）同金额登记。同金额登记是指将一笔经济业务记入所属几个明细分类账户时，记入总分类账户的金额，必须与记入所属几个明细分类账户的金额之和相等。

（六）会计账簿的更正

在记账过程中，由于种种原因会发生各式各样的差错。发现错账时，应按照规定的方法予以更正。由于错账发生的原因、性质及类型不同，更正错账的方法也不同。常用的错账更正方法有三种：画线更正法、红字更正法和补充登记法。

1. 画线更正法

画线更正法又称红线更正法，是指用红墨水画线注销原有错误记录，然后在画线处的上方写上正确记录的一种方法。它主要适用于结账前发现账簿上所记录的文字或数字有错误，而记账凭证无错误，即纯属过账时文字、数字的笔误或方向错误及数字计算错误的情况。

画线更正法更正错账时，应先在错误的文字或者数字上画一条红色横线，表示注销，但必须使原有字迹仍清晰可辨，以备查考；然后，在画线处的上方用蓝字填写正确的文字或者数字，并由记账人员在更正处盖章，以明确责任。画线更正时应注意：对文字差错，可只划去错误的部分，不必将与错字相关联的其他文字划去；但对数字差错，必须将错误的数字全部划掉，不得仅划去其中的个别错误数字。

2. 红字更正法

红字更正法又称红字冲销法、赤字冲账法或红笔订正法，是指用红字冲销或冲减原有的错误记录，以更正或调整记账错误的一种方法。这种方法适用于原记账凭证有错误，并已根据错误的记账凭证登记入账的情况。它具体又可分成以下两种情况。

（1）记账后，发现原记账凭证中会计科目用错，并已根据错误的记账凭证登记入账，则用红字更正法进行更正。更正时，先用红字金额填制一张内容与原错误凭证完全相同的记账凭证，在"摘要"栏注明"冲销某月某日第×号凭证错误"字样，并据以用红字金额登记入账，以冲销原错误记录；然后用蓝字填制一张正确的记账凭证，在"摘要"栏注明"更正某月某日第×号凭证错误"字样，并据以用蓝字金额登记入账。

（2）记账后发现记账凭证中会计科目没有错误，只是金额多记了，也应采用红字更正法予以更正。更正时只需一步就能完成，即将多记的金额用红字填制一张与原错误凭证会计科目相同的记账凭证，在摘要栏注明"冲销某月某日第×号记账凭证多记金额"字样，并据以用红字金额登记入账，冲销多记的金额。

3. 补充登记法

记账以后，若发现原记账凭证会计科目无错误，只是所记金额小于应记金额，可用补充登记法更正。补充登记法是通过补记差额更正账簿记录错误的一种方法。更正时，只要将少记的金额用蓝字填制一张记账凭证，然后据以登记入账，并在摘要栏内注明"补记某月某日第×号记账凭证少记金额"，就补记了少记的金额，更正了错账。

采用红字更正法和补充登记法更正错账，能正确反映账户的对应关系，保证账户发生额的正确性，避免虚增虚减情况的产生。对电算化会计所发生的错账，只能采用红字更正法和补充登记法更正，画线更正法不适用。

（七）会计账簿的核对

账簿记录要正确无误，但是在记账、过账、计算等会计核算过程中难免会出现差错、疏漏等情况，造成各种账簿之间、账簿记录与会计凭证之间以及账簿记录与实物、款项之间不符合，以至于后续的会计核算工作无法进行。为了确保账簿记录的真实性、完整性、正确性，在有关经济业务入账之后，亦即在后续的结账和编报之前，还要进行经常的或定期的对账工作，以保证账证相符、账账相符和账实相符。对账就是对账簿记录所进行的核对工作，包括账证核对、账账核对和账实核对三方面内容。

1. 账证核对

账证核对是指各种账簿的记录与有关原始凭证和记账凭证相核对。这是保证账簿记录真实、正确、完整的基础。这种核对主要是在日常编制凭证和记账过程中进行的，体现在复核账簿记录与会计凭证的内容、金额、会计科目、记账方向等是否相符方面。月末对账时可以重点抽查，如果发现账证不符，就应重新进行账证核对，以保证账证相符。

2. 账账核对

账账核对是指各种账簿之间的有关数字的相核对，主要包括以下内容。

总分类账有关账户核对，主要核对总分类账全部账户的本期借方发生额合计数与贷方发生额合计数是否相等，期末借方期末余额合计数与贷方期末余额合计数是否相等。这种核对可以通过总分类账户的试算平衡进行。

总分类账与明细分类账核对，主要核对总分类账全部账户的本期发生额与其各明细分类账户的本期发生额之和是否相等，总分类账全部账户的期末余额与其各明细分类账户的期末余额之和是否相等。这种核对可以通过编制明细账本期发生额及余额表等进行。

总分类账与日记账核对，主要核对总分类账中"现金"和"银行存款"账户的本期发生额及期末余额与现金日记账、银行存款日记账相对应数字是否相等。

会计部门的财产物资明细账的期末余额与财产物资保管、使用部门的有关保管明细账（卡）的期末结余额核对。

3. 账实核对

账实核对是指各种货币资金、财产物资和结算款项的账面余额与实存数额相核对，主要包括以下内容。

现金日记账的账面余额，应每日与现金实际库存数额相核对，并填写库存现金核对情况报告单作为记录。

银行存款日记账的账面余额与开户银行对账单核对。每收到一张银行对账单，经管人员就应在三日内核对完毕，每月编制一次银行存款余额调节表。

各种财产物资明细账的账面余额与财产物资的清查盘点实存数额核对。有价证券明细账的账面余额应与单位实有证券相核对，至少每半年核对一次；商品、产品、原材料等财产物资明细账的账面余额应定期与实存数额相核对，年终要进行一次全面的核对清查。

各种应收、应付款、银行借款等往来款项明细账的账面余额应与有关债权债务单位（或个人）相核对，清理结果要及时以书面形式报告。

要进行这一系列账实核对工作，须掌握各项财产物资的实有数。在实际工作中，一般要通过财产清查来掌握各项财产物资的实有数。

（八）会计账簿的结账

结账就是在将一定时期（月度、季度、年度）内所发生的经济业务全部登记入账的基础上，结算出各账户的本期发生额和期末余额。结账工作可以将持续不断的经济活动按照会计期间进行分期总结和报告，反映一定会计期间的财务状况和经营成果，为编制会计报表提供依据。结账工作通常按月进行，年度终了还要进行年终结账。此外，当企业因撤销、合并、分立等原因办理账务交接时，也需要办理结账。

结账工作通常包括两方面内容：一是结清或结计各种收入、费用类账户的本期发生额，并据以计算本期损益。二是计算各种资产、负债和所有者权益类账户，结出其本期发生额和期末余额，并将余额转为下期的期初余额。

1. 结账的准备

为了做好结账工作，结账前应做好以下准备工作。

（1）结账前，首先必须将本期内发生的经济业务全部登记入账，如果发现漏账、错账，应及时补记、更正。做好对账工作，在核对无误的前提下才能进行结账。

（2）检查是否按照权责发生制的要求对本期内所有的转账业务编制记账凭证，进行账项调整，并据以记入有关账簿，不得提前结账或推迟结账。

（3）进行必要的成本计算和结转，如制造费用的计算和结转、完工产品成本的计算和结转、已售产品成本的计算和结转等。

（4）在本期全部经济业务都已入账的基础上，分别计算出日记账、明细分类账和总分类账的本期发生额和期末余额。

（5）根据各明细分类账的记录分别编制明细分类账户本期发生额及余额表，根据总分类账的记录编制总分类账户本期发生额及余额表，进行试算平衡。

2. 结账的内容

（1）收入、费用类账户的结账。

第一，各收入、费用类账户属于"虚账户"，期末需要结清。结账的任务是将其余额结为零。

第二，结计出各收入、费用类账户的本期发生额合计数。

第三，编制结账分录。按照损益类账户结转方法，编制结账分录，即将各收入、费用类账户的余额分别转入"本年利润"账户。

第四，过账与结账。将结账分录所涉及的各损益类账户和"本年利润"账户发生额分别过入分类账，使各损益类账户余额变成零，"本年利润"账户的贷方合计与借方合计的差额即为本期利润（负数表示亏损），反映从年初起本年累计实现的利润（或亏损）额。年终结账时，还应该结转"本年利润"账户和"利润分配"账户，以计算全年实现的利润和分配的利润。

（2）资产、负债和所有者权益类账户的结账。资产、负债和所有者权益类账户属于"实账户"，这些账户在某一时刻的余额反映其实际拥有的数额，结账工作的任务是结算出各账户的本期发生额和期末余额，并将余额转为下期的期初余额。

3. 结账的形式

在会计实务中，通常采用画线结账法结账。画线是结账的标志，一方面突出了特定时期的有关数字（如本期发生额和期末余额）；另一方面标志着会计分期，即将本期与下期的记录明显分开，表示本期的会计记录已经截止或结束。画线结账按时间可分为月结账和年结账。

（1）月结账。月结账是以一个月为结账周期，每个月月末对本月发生的经济业务情况进行总结。月结账的具体做法是在每个月月末各账户最后一笔记录的下面画一条通栏单红线，并在单红线下的"摘要"栏内注明"本月合计"字样，随后结出本期发生额和期末余额，然后在这些记录下面再画一条通栏单红线，以表示本月的账簿记录结束。紧接着下一行，在"摘要"栏内注明"期初余额"字样，并在"余额"栏内将上期的期末余额数转入。应注意，画线时应画通栏线，不应只在金额部分画线。

除上述的一般情况外，某些账户的结账和画线有特殊要求：①某些明细账户的每一笔业务都需要随时结出余额，如各项应收款明细账和各项财产物资明细账等，每月最后一笔余额即为月末余额，这种情况就不需要按月结计本期发生额，月末结账只需在最后一笔经济业务记录之下画一条单红线，表示本月的账簿记录已经终止，不需要再结计一次余额。②对需要逐月结算本年累计发生额的账户，如各种损益账户，应逐月计算自年初至本月末的累计发生额，登记在月结线的下一行，在"摘要"栏内注明"本年累计"字样，并在下面画通栏单红线。③如果本月只发生一笔经济业务，则只要在这笔记录下画一条单红线，表示与下月的发生额分开即可，不需另结出本月合计数。当然，本月没有发生额的账户，不必进行月结（不画结账线）。

（2）年结账。年结账是以一个月为结账周期，年末对本年度发生的经济业务情况及结果进行总结。每年的 12 月 31 日，应当将全年 12 个月的月结数的合计数填列在 12 月的月结数字下，并在"摘要"栏内注明"本年合计"或"年度发生额及余额"，并在下面画双红线，表示年底封账。对有余额的账户，应将余额结转下一年，在年结数（双红线）的下一行"摘要"栏内注明"结转下年"字样；同时在下年度新账的"余额"栏中直接抄列上年结转的余额，并在"摘要"栏内注明"上年结转"或"年初余额"字样。

对需要结出本年累计发生额的账户，由于 12 月末的"本年累计"就是全年累计发生额，因此应当在全年累计发生额下直接画通栏双红线。而对总账账户，平时只需结计月末余额，年终结账时，要根据所有总账账户结计全年发生额和年末余额，在"摘要"栏内注明"本年合计"字样，并在合计数下画双红线。用科目汇总表代替总账的单位，年终结账时，应当汇编一张全年合计的科目汇总表。

第三节　会计记账方法

一、复式记账法

（一）复式记账法的内涵

为了连续、系统地反映和监督由于经济活动的发生引起会计要素的增减变动及结果，就需要根据会计科目来设置会计账户。但如何将企业发生的经济业务在账户中记录，便产生了记账方法。所谓记账方法，就是运用一定的记账符号和记账规则在账户中记录经济业务的方法。会计核算中最早采用的记账方法是单式记账法。复式记账法是随着社会经济的发展在单式记账法的基础上逐步演变而成的。

"单式记账法是指对发生的每一项经济业务，只在一个账户中加以登记的记账方法。"① 在单式记账法下，通常只登记库存现金、银行存款的收付金额以及债权债务的结算金额，一般不登记实物的收付金额。比如，以银行存款 3000 元购入原材料，这笔业务在单式记账法下只在"银行存款"账户登记减少 3000 元，而对原材料的增加则不做记录。在单式记账法下，会计科目设置不完整，账户记录之间没有对应关系，不能全面、系统地反映经济业务的来龙去脉，也不便于检查账户记录的正确性与完整性。随着社会生产力的发展，单式记账法逐渐被复式记账法取代。

复式记账法是指对发生的每一项经济业务都要以相等的金额，在相互联系的两个或两个以上的账户中进行记录的记账方法。在复式记账法下，会计科目设置完整，账户记录之间存在对应关系，它能适应资金运动的客观要求，可以全面、系统地反映经济业务的来龙去脉。复式记账法是一种科学的记账方法，因此被广泛采用。

按照记账符号和记账规则的不同，复式记账法分为增减记账法、收付记账法和借贷记账法。增减记账法是我国商业系统曾经采用的记账方法；收付记账法是在我国传统的收付记账法的基础上发展起来的一种记账方法；借贷记账法是国际上普遍采用的一种记账

①吴敏，林波. 基础会计 [M]. 上海：上海财经大学出版社，2018：45.

方法。

（二）复式记账法的依据

复式记账法包含两个要点：①在两个或两个以上的账户中登记经济业务。②以相等的金额登记经济业务。其理论依据如下。

第一，会计对象是资金运动。每项经济业务都是资金运动的一个具体过程。任何一项经济业务的发生，都会有其相应的资金来源和资金去向。这就要求在两个或两个以上账户中登记经济业务，既要反映资金从哪里来，又要反映资金到哪里去。

第二，资产和权益存在平衡关系。任何经济业务的发生，都会引起资产、负债和所有者权益之间或者其内部至少两个项目发生增减变化，且增减金额相等，平衡不被破坏。所以，要以相等的金额登记经济业务，以便检查账户记录的正确性。复式记账法如实地反映资金增减变动的客观情况，记录资金的来源、去向及其相互关系。作为一种科学的记账法，得到广泛的应用。

（三）复式记账法的特征

复式记账法之所以要求在两个或两个以上的账户中以相等的金额进行记录，是为了保证会计等式的平衡，所以，复式记账法的理论依据就是会计恒等式。复式记账法有以下特征。

第一，复式记账法是以资产、负债及所有者权益的平衡关系式为记账基础的。在复式记账法下，每一笔经济业务都要同时影响两个或两个以上的账户，并且在账户之间必须保持平衡。这意味着每一笔交易都会同时引起资产、负债和所有者权益的变化，使这些账户的总金额保持平衡。

第二，复式记账法要求建立一个完整的账户体系，以全面反映经济活动的全过程及结果。除了常见的库存现金和银行存款账户，还需要设置其他实物性资产账户，以及包括其他资产、负债、所有者权益、收入、费用和利润类账户。这样的账户体系能细致地记录和追踪经济活动的各个方面，提供全面的财务信息。

第三，复式记账法要求每一笔经济业务都必须在两个或两个以上的账户中以相等的金额进行记录。这是为了确保各账户之间有严密的对应关系，清晰地反映经济业务的来龙去脉，通过在多个账户中同时进行记录，可以更准确地追踪资金流动和交易的影响，避免遗漏或错误。

第四，根据会计等式的平衡关系，可以对一定时期所发生的全部经济业务的会计记录进行综合试算。这样的试算可以帮助会计人员检查账户记录的完整性和正确性。通过将各个账户的余额相加，应该得到相等的资产、负债和所有者权益的总额。如果试算结果不平衡，就意味着有错误或遗漏的记账事项，需要进一步审查和调整。

综上所述，复式记账法是一种基于资产、负债和所有者权益平衡关系的记账方法。它要求建立完整的账户体系，记录经济活动的全过程和结果。每一笔经济业务都必须在两个或两个以上的账户中以相等的金额进行记录，并且各账户之间有严密的对应关系。通过综合试算，可以检查账户记录的完整性和正确性。这种方法能提供准确的财务信息，帮助管理者了解和分析企业的经济状况和经营成果。复式记账法的应用使会计记录更加准确和可靠，为决策提供了重要的依据。

二、借贷记账法

（一）记账符号

借贷记账法产生于 13 世纪资本主义商品经济发展较早的意大利，它是适应商业资本和借贷资本经营管理的需要而产生的。借贷记账法中借、贷两字的含义，最初是从借贷资本家的角度来解释的。借贷资本家把从债权人那里收进的银钱，记在贷主的名下，表示自身的债务；把从债权人那里得到并向债务人放出去的银钱，记在借主的名下，表示自身的债权。

此时，借、贷二字表示债权债务的变化，且"借主＝贷主"。随着社会经济的发展、经济活动的日益复杂以及产业资本和商业资本对借贷记账法的利用，借、贷二字不再局限于说明银行借贷业务的增减变动情况，而逐渐扩展到说明财产物资和经营损益等经济业务的增减变动情况。这时，借、贷二字就逐渐失去原来的含义，而转化为纯粹的记账符号，用以标明账户记录经济业务数量增减变化的方向，即账户的借方和贷方。所谓记账符号就是在会计核算中，以一种抽象的符号标记来代表经济业务数量增减变化的方向。

借贷记账法以"借"和"贷"作为记账符号，运用"有借必有贷、借贷必相等"的记账规则，记录和反映经济业务增减变化及结果的一种复式记账方法，是目前世界各国普遍采用的一种记账方法。

（二）借贷记账法的主要结构

在借贷记账法下，任何账户都分为借方和贷方两个基本部分，通常左方为借方，右方为贷方。在会计教学中，一般将其简化为"T"形账户的形式。

在借贷记账法下，所有账户的借方和贷方都要按相反的方向记录，即一方登记增加金额，另一方登记减少金额。至于哪一方登记增加金额、哪一方登记减少金额，则要根据各个账户所反映的经济内容来决定，即要由经济业务涉及的账户和账户性质而定。

根据借贷记账法下"T"形账户左借右贷的基本约定，等式左边的"资产"和"费用"两个会计要素类账户的余额应在借方，等式右边的"负债""所有者权益""利润"和"收入"四个会计要素账户的余额应在贷方；结合余额通常在增加那一方的规律。

在等式左边的账户，借方记录期初余额和增加额，账户的贷方记录减少额。在一个会计期间内（月、季、年），借方记录的合计数额称作本期借方发生额，贷方记录的合计数额称作本期贷方发生额，如果有余额，一般应在借方。费用类账户除"生产成本"账户外，通常月末无余额。

其计算公式为：左边账户期末借方余额=期初借方余额+本期借方发生额−本期贷方发生额。在等式右边的账户，贷方记录期初余额和增加额，账户的借方记录减少额。在一个会计期间内（月、季、年），贷方记录的合计数额称作本期贷方发生额，借方记录的合计数额称作本期借方发生额，如果有余额，一般应在贷方。收入类账户月末无余额，"本年利润"账户年末无余额。其计算公式为：右边账户期末贷方余额=期初贷方余额+本期贷方发生额−本期借方发生额。

（三）借贷记账法的记账规则

经济业务可分为四种类型，包括资产业务、负债业务、所有者权益业务和收入与支出业务。这些类型是根据经济主体与外部实体之间的交易关系以及经济主体内部的账户之间的关系来确定的。

根据复式记账法、借贷记账法和账户对应关系的原理，可以得知借贷记账法的记账规则是"有借必有贷，借贷必相等"。这是指每个经济业务都必须同时记录借方和贷方的金额，并且借方金额必须等于贷方金额。根据这个原则，可以进一步了解借贷记账法的运作方式。在借贷记账法中，每个经济业务会涉及至少两个账户，其中，借方记录的是该账户发生的减少，而贷方记录的是该账户发生的增加。

在借贷记账法下，经济业务发生后，必然涉及借贷方两类账户。这两类账户存在着应借、应贷的关系，这种关系称为账户的对应关系，存在着相互对应关系的账户称为对应账户。掌握账户的对应关系有利于充分反映会计要素具体内容增减变化的来龙去脉，通过账户对应关系，就可以清楚地了解每一项经济业务的资金流动状况；通过账户对应关系，可以检查经济业务的处理方法是否合理。

(四) 借贷记账法的记账公式——会计分录

会计分录是将原始的经济业务翻译成"会计语言"的第一步，称为记账公式，是指明每笔经济业务（会计事项）应登记的账户名称、方向及其金额的一种记录。会计上需要设置的账户很多，发生的经济业务又复杂多样，为了准确地反映账户之间的对应关系与登记的金额，在各项经济业务登记到账户之前，都要运用借贷记账法的记账规则编制会计分录，以确定应记账户的名称、方向和金额，这就是会计分录三要素。

会计分录可分为简单会计分录和复合会计分录两种。简单会计分录是指经济业务发生后，只涉及两个对应账户的会计分录，即"一借一贷"的会计分录，这种会计分录的账户之间的对应关系简单明了，便于检查。复合会计分录是指经济业务发生后，要涉及两个以上对应账户的会计分录，具体包括"一借多贷""一贷多借"及"多借多贷"三种。企业编制复合会计分录，可以更加全面地反映经济业务的来龙去脉，并简化记账手续，提高工作效率。

(五) 借贷记账法的试算平衡

所谓试算平衡，就是在全部经济业务登记入账以后，根据资产、权益之间的平衡关系和记账规则来检查各类账户的记录是否正确、完整的一种验证方法。借贷记账法对每项经济业务都是根据"有借必有贷，借贷必相等"的记账规则，在两个或两个以上账户中进行记录，使每一项经济业务所引起的借贷两方的发生额必然相等。因此，无论是定期汇总或是月末计算，全部账户的借方本期发生额合计数必然与全部账户的贷方本期发生额合计数相等。而全部账户的期末余额又是在期初余额的基础上加、减本期增加发生额和减少发生额后得到的，所以，全部账户的借方期末余额合计数与贷方期末余额合计数也必然是相等的。

如果在记账过程中出现差错就可能使借贷金额不平衡，使账户记录出现错误，最终导致以账户记录为依据而编制的财务报表出现错误。因此，必须定期地进行试算平衡，以便检查账户记录是否正确，及时找出差错及原因，并予以更正，保证财务报表提供信息的准确无误。

借贷记账法的试算平衡有发生额试算平衡法和余额试算平衡法两种。

1. 发生额试算平衡法

发生额试算平衡法是用来检查全部账户的借贷方发生额是否相等的方法。当我们要检验所有账户在某一期间内对各项业务的记录是否正确时，可以用这种方法。其计算公式为：全部账户本期借方发生额合计＝全部账户本期贷方发生额合计。

2. 余额试算平衡法

余额试算平衡法是用来检查全部账户的借贷方期末余额合计是否相等的方法。当我们要检验所有账户记录的内容经过一个时期的增减变动之后，在某一时点上（期末）的结果是否正确时，可采用这种方法。其计算公式为：全部账户借方期末余额合计＝全部账户贷方期末余额合计。

上述两种试算平衡方法，一般是在月末结出总分类账户本期发生额和期末余额后，通过编制试算平衡表进行检验的。然而，试算平衡只是在不平衡的情况下才能肯定平时记账有误，如果试算的结果是平衡的，但这并不能肯定记账就一定没有错误，因为某些记账错误并不破坏平衡关系。例如，用银行转账支票 10000 元购买原材料，应记入"原材料"账户借方 10000 元，同时应记入"银行存款"账户贷方 10000 元，而记账员有可能把方向记反了，即借：银行存款 10000 元，贷：原材料 10000 元。在这种情况下，虽然账的方向记错了，但并不影响其平衡关系，因为从记账规则的角度来说，它并没有违背"有借必有贷，借贷必相等"的规则。如果记账中借贷金额全部漏记、重记等诸如此类的错误发生后，也不能通过试算平衡来发现它们。因此，需要对一切会计记录进行日常或定期的复核，以保证账户记录的正确性。

第三章 主要经济业务的账务处理

第一节 主要经济业务概述

制造业是以产品的生产和销售为主要活动内容的经济组织，经济业务的内容最为完整，主要包括采购、生产、销售三个主要阶段，其资金运动过程主要包括资金投入、资金周转、资金退出三个主要环节。企业要想进行生产经营活动，生产适销对路的产品，必须筹集一定数量的资金，而这些资金都是从一定的渠道取得的。经营资金在生产经营过程中被具体运用时，表现为不同的占用形态，一般可分为货币资金、长期资金、储备资金、生产资金、成品资金、结算资金等形态，而且随着生产经营过程的不断进行，这些资金形态不断转化，形成经营资金的循环与周转。企业从各种渠道筹集生产经营所需要的资金，其筹资渠道主要包括接受投资者的投资和向债权人借入款项。完成筹资任务即接受投资或者形成负债，筹集到的资金投入企业开展正常的经营业务，进入采购、生产和销售过程。

企业一开始筹集到的资金主要表现为货币资金形态，所以，货币资金形态是资金运动的起点。企业利用筹集到的资金进入采购过程，进行企业生产的前期准备工作，在这个过程中，企业用货币资金购买机器设备等固定资产形成长期资金，购买原材料等资产形成储备资金，为生产产品做好物资上的准备。由于固定资产一旦购买完成将长期供企业使用，因而供应过程的主要核算内容是用货币资金（或形成结算债务）购买原材料的业务，主要采购成本计算、支付价款和税款、材料验收入库结转成本等。完成采购过程的核算，为生产产品做好各项准备，企业就可以进入生产过程。

生产过程是制造业企业经营过程的中心环节。在生产过程中，劳动者运用各项生产资料进行加工生产，其过程中产生各项生产耗费，最终生产出适销对路的各类产品。从消耗或者加工对象的实物形态及其变化来看，原材料等生产资料通过加工形成产品，随着生产过程不断进行，在产品最终转化为产成品。从价值形态来看，生产过程中发生的各项生产耗费形成企业的生产费用，主要包括生产产品耗费材料形成的材料费用，工人生产劳动发生的工资福利等人工费用，使用厂房、机器等资料形成的折旧费用等。生产过程中发生的生产费用的总和构成产品的生产成本。其资金形态从储备资金、固定资金和一部分货币资金形态转化为生产资金形态，最终产品生产完成验收入库，由生产资金形态转化为成品资金形态。生产费用的发生、归集、分配以及完工产品生产成本的计算构成了生产过程核算的基本内容。

销售过程是产品价值实现的过程。销售过程中企业通过出售产品实现营业收入，按照销售价格与客户办理各种款项的结算，收回款项后，使成品资金转化为货币资金的形式，完成了一次资金的循环。在销售过程中的主要核算内容，除了取得营业收入，还包括结转营业成本，同时支付广告费等销售费用，计算各项税金等。

对企业而言，生产和销售产品是其主要的经济业务，其中销售产品是主营业务，在销售产品之外，企业还会发生一些例如销售材料、出租固定资产等其他业务，以及进行对外投资以获取收益的投资业务。主营业务、其他业务以及投资业务构成了企业的经营业务，在营业活动之外企业还会发生一些非营业业务，从而获得营业外的收入或发生营业外的支出。企业在生产经营过程中所获得的各项收入遵循要求抵偿了各项成本、费用之后的差额，形成了企业利润。企业实现的利润一部分要上缴国家，形成国家的财政收入，另一部分即企业的税后利润，最后要按照规定的程序对利润进行合理的分配，一部分资金退出企业，一部分资金重新投入企业继续进行资金周转。

总之，资金投入、资金周转、资金退出过程中发生的主要经济业务内容包括筹资过程业务、采购过程业务、生产过程业务、销售过程业务、利润形成与分配业务。

第二节　筹资与采购业务的账务处理

一、筹资经济业务的账务处理

（一）筹资经济业务的内容

筹资业务是指企业为了满足生产经营对资金的需求而发生的筹措资金的业务活动。一个企业的生存和发展离不开资产要素，资产是企业进行生产经营活动的物质基础，对任何企业而言，形成其资产的资金来源主要有权益资金以及债权资金两条渠道。

权益资金主要通过投资者的投资及其增值、发行股票、企业内部留存收益等方式来形成，具体反映为企业的实收资本（或股本）、资本公积、其他综合收益、盈余公积和未分配利润等项目，形成企业的所有者权益。债权资金，主要是通过向银行等金融机构借款、发行债券、商业信用等方式形成的，具体反映为企业的短期借款、长期借款、应付债券和各类应付款项等项目，形成企业的债权人权益，即负债。

筹资业务过程主要涉及的经济业务可总结为投入资本和借入资金两类。

投入资本是指企业所有者按照企业章程、合同或协议的约定，实际投入企业的资本，即企业在工商行政管理部门登记注册的资金。有限责任公司称之为实收资本，股份有限公司称之为股本。实收资本是企业投资者作为资本投入企业的各种资产的价值反映，投资者投入企业的资本可以是货币资金，也可以是设备、原材料等实物资产，还可以是知识产权、土地使用权等无形资产。

借入资金是指企业通过发行债券、向银行或其他金融机构借款等方式筹集的资金。企业从银行取得的借款，按偿还期的长短分为短期借款和长期借款。短期借款一般用于企业生产经营临时周转需要，又称流动资金借款，偿还期一般在1年以内（含1年）。长期借款一般用于特定的项目，如购置大型设备、技术改造等，偿还期一般在1年以上。

（二）投入资本业务的核算

1. 投入资本业务账户

为了明确核算和监督，投资者投入资本及其变动情况，企业一般需要设置以下账户。

（1）"银行存款"账户。"银行存款"账户核算企业存放在银行或其他金融机构的各类款项的收付和结存情况。"银行存款"账户性质为资产类账户。"银行存款"账户结构为借方登记银行存款的增加数，贷方登记银行存款的减少数，期末余额在借方，表示企业期末银行存款的实有数额。"银行存款"账户一般按开户银行和其他金融机构及存款种类进行明细账核算，有外币存款的企业，按人民币和各种外币设置明细账户，进行明细分类核算。

（2）"固定资产"账户。"固定资产"账户核算企业为生产产品、提供劳务、出租或经营管理而持有的，使用寿命超过1个会计年度的有形资产的原价，如机器设备、厂房等。"固定资产"账户性质为资产类账户，账户结构为借方登记固定资产增加的原始价值，贷方登记固定资产减少的原始价值，期末借方余额，表示结存的固定资产原始价值。"固定资产"账户一般按固定资产类别和项目设置明细账户，进行明细分类核算。

（3）"无形资产"账户。"无形资产"账户核算企业为生产产品、提供劳务、出租给他人或为管理目的而持有的，没有实物形态的非货币性长期资产，如专利权、商标权等。

账户性质为资产类账户，账户结构为借方登记无形资产增加的原始价值，贷方登记无形资产减少的原始价值，期末借方余额，表示结存的无形资产原始价值。"无形资产"账户一般按无形资产类别和项目设置明细账户，进行明细分类核算。

（4）"实收资本"账户或"股本"账户。"实收资本"账户或"股本"账户核算所有者投入企业的资本金变化过程及其结果。账户性质为所有者权益类账户。账户结构为贷方登记所有者投入企业资本金的增加，借方登记所有者投入企业资本金的减少，期末余额在贷方，表示所有者投入企业资本金的结余额。由于投资者的投资是一种永久资本，在没有减资的情况下，借方一般没有发生额。"实收资本"账户或"股本"账户一般按照投资者不同设置明细账户，进行明细分类核算。

（5）"资本公积"账户。"资本公积"账户核算资本公积的增减变化和结余情况。账户性质为所有者权益类账户，账户结构为贷方登记企业因资本溢价等原因而增加的资本公积数额，借方登记由于按法定程序转增注册资本等原因而减少的资本公积数额，期末余额在贷方，表示企业期末资本公积的结余数。资本公积是投资者投入企业资本金额超过法定资本部分以及直接计入所有者权益的利得和损失部分，"资本公积"按"资本溢价""股本溢价""其他资本公积"等设置明细账户，进行明细分类核算。

2. 投入资本业务处理

投入资金是投资者投入企业的资本金（包括货币和实物等），是所有者权益的主要来源和表现形式，是投资者拥有的根本权益，对企业的盈余分配和净资产处置权利起着直接影响作用。企业收到的投资者以货币形式投入的投资，应按实际收到的金额入账；以实物资产、无形资产等形式投入的投资，应按投资合同或协议约定的价值（但合同或协议约定的价值不公允的除外）金额入账。下面以具体案例阐述投入资本的业务处理。

例1：B公司接受某单位的投资3000000元，款项通过银行划转。这项经济业务一方面使企业的银行存款增加3000000元，另一方面使企业所有者对公司的投资增加3000000元。因此该项经济业务涉及"银行存款"和"实收资本"两个账户，银行存款增加是资产的增加，借记"银行存款"账户；投资者投入资本是所有者权益的增加，贷记"实收资本"账户。这项经济业务应编制的会计分录如下：

借：银行存款 3000000

贷：实收资本 3000000

例2：B公司接受某投资方投入的一台全新生产设备，确定价值为200000元，假定不考虑相关税费。这项经济业务一方面使企业的机器设备增加200000元；另一方面使企业所有者对公司的投资增加200000元。因此该项经济业务涉及"固定资产"和"实收资本"两个账户，机器设备增加是资产的增加，借记"固定资产"账户；投资者投入资本是所有者权益的增加，贷记"实收资本"账户。这项经济业务应编制的会计分录如下：

借：固定资产 200000

贷：实收资本 200000

例3：B公司接受某单位以一项专利权作为投资，经投资双方共同确认价值为500000元；同时收到某投资者投入资金1000000元款项存入银行。该投资者投入资本与其在B公司注册资本中应享有的份额一致，假定不考虑相关税费，这项经济业务一方面使企业的专利权增加500000元，银行存款增加1000000元；另一方面使企业所有者对公司的投资增加1500000元。因此该项经济业务涉及"无形资产""银行存款"和"实收资本"三个账户，机器设备增加和银行存款增加都是资产的增加，借记"无形资产""银行存款"账户；投资者投入资本是所有者权益的增加，贷记"实收资本"账户。这项经济业务应编制的会计分录如下：

借：无形资产 500000

　　银行存款 1000000

贷：实收资本 1500000

例4：B公司收到某投资者投入资金2600000元存入银行。该投资者在B公司注册资本中应享有的份额为2000000元。这项经济业务是一项接受投资且又涉及超过法定份额资本的业务。一方面，这项经济业务使企业的银行存款增加2600000元；另一方面，使企业所有者对公司的投资，即注册资本份额内的资本增加2000000元，同时产生了600000元的资本溢价。因此该项经济业务涉及"银行存款""实收资本"和"资本公积"三个账户，银行存款增加是资产的增加，借记"银行存款"账户；投资者投入资本以及资本溢价都是所有者权益的增加，贷记"实收资本""资本公积"账户。这项经济业务应编制的会计分录如下：

借：银行存款 2600000

贷：实收资本 2000000

　　资本公积 600000

（三）借入资金业务的核算

1. 借入资金业务账户

为了明确核算和监督，向债权人借入资金及其变动情况，企业一般需要设置以下账户。

（1）"短期借款"账户。"短期借款"账户核算企业向银行或其他金融机构等借入的，偿还期在1年以下（含1年）的各种借款本金的发生、偿还等情况。账户性质为负债类账户。账户结构为贷方登记取得借款本金的数额，借方登记偿还借款本金的数额，期末贷方余额，反映企业尚未偿还的短期借款的本金。"短期借款"账户一般按借款种类、贷款人和币种设置明细账户，进行明细分类核算。

（2）"长期借款"账户。"长期借款"账户核算企业向银行等金融机构借入，偿还期限在1年以上的各种借款本息的增减变动及其结余情况。账户性质为负债类账户。账户结构为贷方登记长期借款的增加数（包括本金和各期未付利息）的数额，借方登记长期借款的减少数（偿还的借款本金和利息），期末贷方余额，反映企业尚未偿还的长期借款的本金。"长期借款"账户一般按债权人设置明细账户，进行明细分类核算。

（3）"应付利息"账户。"应付利息"账户核算企业因借入款项而按约定已经发生的但尚未实际支付的利息费用。账户性质为负债类账户。账户结构为贷方登记企业按照约定利率计算的应付未付的利息，借方登记企业实际支付的利息，期末余额在贷方，反映企业应付未付的利息。

（4）"财务费用"账户。"财务费用"账户核算企业为筹集生产经营所需资金等而发生的各种筹资费用，包括利息支出（减利息收入）、佣金以及相关手续费等。账户性质为损益类账户。借方登记发生的财务费用，贷方登记发生的应冲减财务费用的利息收入等，期末余额应转入"本年利润"账户，结转后该账户没有余额。"财务费用"账户一般按照费用项目设置明细账户，进行明细分类核算。

2. 借入资金业务处理

企业在生产经营过程中，由于周转资金不足，可以向银行或其他金融机构借款，以补充资金的不足，企业从银行或其他金融机构借入的款项，必须按贷款单位借款规定办理手续支付利息，到期归还。以下以具体案例阐述企业借入资金业务处理。

（1）短期借款的会计核算。企业为满足其生产经营活动对资金的临时需要而向银行或其他金融机构等借入的，偿还期限在1年以内的各种款项。短期借款必须按期归还本金并按时支付利息。

例5：B公司因生产经营的临时需要，于当年4月向银行申请取得期限为6个月的借款600000元，已存入银行。这项经济业务一方面使企业的银行存款增加600000元，另一方面使企业的短期借款增加600000元，因此这项经济业务涉及"银行存款"和"短期借款"两个账户，银行存款的增加是资产的增加，应借记"银行存款"账户；短期借款增加是负债的增加，应贷记"短期借款"账户。这项经济业务应编制的会计分录如下：

借：银行存款 600000

贷：短期借款 600000

在会计核算中，企业应将利息作为期间费用（财务费用）加以确认。如果银行对企业的短期借款按季或半年等较长期间计收利息，或者是在借款到期收回本金时一并计收利息，为了正确计算各期的损益额，企业通常按权责发生制核算基础的要求，采用预提的方法，按月预提借款利息计入预提期间损益（财务费用），待结息期终了或到期支付利息时再冲销应付利息这项负债。

例 6：假如 B 公司取得借款年利率为 6%，利息按季度结算，经计算其当年 4 月应负担的利息为 3000 元。这项经济业务，首先按照权责发生制核算基础的要求，计算本月已经发生的利息费用，也就是本月应负担的利息额为 3000 元（600000×6%÷12）。借款的利息费用属于企业的一项财务费用，由于利息是按季度结算的，因此本月的利息由本月来计算并确认，但并不在本月实际支付。因而该项经济业务，一方面形成企业本月的一项费用，另一方面形成本月的一项负债，涉及"财务费用"和"应付利息"两个账户，财务费用的增加属于费用的增加，应借记"财务费用"账户；应付利息的增加属于负债的增加，应贷记"应付利息"账户。这项经济业务应编制的会计分录如下：

借：财务费用 3000

贷：应付利息 3000

例 7：B 公司当年 6 月末用银行存款 9000 元支付本季度的借款利息（5 月、6 月的利息计算和处理方法基本同于 4 月，此处省略会计处理）。该项经济业务实际上是偿还银行借款利息这项负债的业务，一方面使企业的银行存款减少 9000 元，另一方面使企业的应付利息减少 9000 元。因此这项经济业务涉及"银行存款"和"应付利息"两个账户，银行存款的减少是资产的减少，应贷记"银行存款"账户，应付利息的减少是负债的减少，应借记"应付利息"账户。这项经济业务应编制的会计分录如下：

借：应付利息 9000

贷：银行存款 9000

例 8：B 公司于当年 9 月用银行存款偿还借入为期 6 个月的短期借款 600000 元借款本金（假设不考虑利息核算）。该项经济业务一方面使企业的银行存款减少 600000 元，另一方面使企业的短期借款减少 600000 元，因此这项经济业务涉及"银行存款"和"短期借款"两个账户，银行存款的减少是资产的减少，应贷记"银行存款"账户；短期借款的减少是负债的减少，应借记"短期借款"账户。这项经济业务应编制的会计分录如下：

借：短期借款 600000

贷：银行存款 600000

例9：B公司于当年9月用银行存款偿还借入为期6个月的短期借款600000元借款本金，并支付第三季度利息。该项经济业务既要偿还短期借款本金，又要支付7月、8月和9月的短期借款利息，其中7月和8月的借款利息均已预提，9月的短期借款利息需要在本期确认财务费用。因此该项经济业务，一方面使企业的银行存款减少609000元；另一方面使企业的短期借款减少600000元，应付利息减少6000元，财务费用增加3000元。这项经济业务涉及"银行存款""短期借款""应付利息"和"财务费用"四个账户。银行存款的减少是资产的减少，应贷记"银行存款"账户；短期借款和应付利息的减少是负债的减少，应借记"短期借款""应付利息"账户；财务费用的增加属于费用的增加，应借记"财务费用"账户。这项经济业务应编制的会计分录如下：

借：短期借款 600000

　　财务费用 3000

　　应付利息 6000

贷：银行存款 609000

（2）长期借款的会计核算。企业向银行或其他金融机构借入的偿还期限在1年以上或超过1年的1个经营周期的借款即为长期借款。长期借款的本金及利息的取得和还款情况，均可在"长期借款"账户登记核算。

例10：B公司某年1月1日从银行贷款800000元，期限为2年，年利率为9%，每半年付息一次，到期还本。实际收到款项790000元，差额10000元为支付的借款手续费。该项经济业务一方面使企业的银行存款增加790000元；另一方面使企业的长期借款增加800000元，其中差额10000元应计为财务费用。因此这项经济业务涉及"银行存款""财务费用"和"长期借款"三个账户，银行存款的增加是资产的增加，应借记"银行存款"账户；长期借款的增加是负债的增加，应贷记"长期借款"账户；财务费用增加应借记"财务费用"。这项经济业务应编制的会计分录如下：

借：银行存款 790000

　　财务费用 10000

贷：长期借款 800000

（四）筹资经济业务的优化

随着经济全球化的全面发展，国际贸易和国际经济往来日益推进，作为经济进程中的重要组成部分，筹资业务作为企业得以生存和发展的重要财务活动及为了进行正常的生产经营活动,显得尤其重要。企业为了进行正常的生产经营活动,必须满足资金的需求,完整的资金链运动具体包括资金的筹集、投放、使用、收回和分配等一系列活动,筹集资金正是这一系列活动的源头。

同时,筹资核算作为会计核算的一部分,在进行具体经济业务的分录操作时免不了以资产、负债、所有者权益、收入、费用、利润等会计要素展开。但是在会计核算上,由156个会计科目所构成的会计分录的数量已高达两万多种,且大部皆与实际经济业务操作存在一定的偏差,缺乏一套完整的规范编制分录流程方法。再者,企业筹资作为一个系统工程,是企业发展战略的重要组成部分之一,因此企业在进行筹资规划时,必须考虑到筹资工作进程中的各个环节,进行必要的会计核算处理,这让本就相当复杂的筹资核算显得无理可据。

因此,可结合会计核算智能化以及实际经济业务流程判断,找出决策规律,简化并规范核算过程,使筹资核算简单明了。会计核算智能化及自动生成记账凭证的方法,即在会计编制凭证工作中把会计信息系统融入经营管理信息系统,实现将经济业务智能化地自动编制为会计记账凭证,全面实现经济业务票据自动生成记账凭证的处理。

会计智能化核算的方法的基本思路是以生产经营中的实际经济活动为基础,以会计业务的流程展开,并运用离散数学、关系演算等方法,通过编制决策树的方式,得出决策导航图与相对应的分录汇总表,使理论与现实相结合,让初学者也能迅速编制分录。依据筹资业务决策导航图,在进行筹资业务核算时,先判断企业适用哪种筹资业务活动,并分别划分企业筹资方式与筹资渠道的关系,准确筹划筹资费用,达到最优筹资结构决策。通过结合具体业务流程的思考与分析,并依据筹资业务决策导航图,做出相对应的筹资业务核算分录表。筹资业务核算分录表与传统筹资业务流程相比,不仅判断更为直观,能大大提升业务的效率,而且简单明了,便于会计人员记忆与运用。

二、采购经济业务的账务处理

(一)采购经济业务的内容

制造企业生产经营过程的第一个阶段,即为采购阶段,也称生产准备阶段。企业用货币资金购买各种材料物资保证生产的进行。企业的生产经营活动是以一定的房屋建筑物与机器设备等固定资产、专利权与专有技术等无形资产、原材料等存货为基础的。通过筹资环节企业取得了生产经营所需的资金,再利用这些资金购置固定资产、无形资产,购入原材料等存货,为生产经营做准备。因此采购环节主要经济业务内容可以总结为购置固定资产业务及材料物资采购业务。由于购置的固定资产以及无形资产可以在较长的时间内使用，不需要重复购置。原材料等存货，在生产经营过程中被不断消耗，需不断补充，因此企业日常的采购活动发生频繁的是采购生产经营所需材料的业务。

采购业务主要是为企业提供生产和管理所需的各种物料和设备，包括生产所需的各种原材料和设备工具以及企业管理部门正常运作所需的办公设备等。会计人员进行采购核算，编制采购核算的记账凭证，是从交易原始信息中选取有用的信息，按照会计准则要求，将业务信息转化为财务信息。分析、研究会计人员编制采购业务记账凭证的思维过程，需要通过分析采购业务信息与记账凭证信息的内在联系，确定采购核算的记账凭证信息的来源，提炼出关键因素，作为决策判断分析的依据。

1. 采购成本

（1）固定资产购置成本。固定资产应当按照成本进行初始计量。固定资产取得时的实际成本是指企业购建固定资产达到预定可使用状态前，所发生的一切合理的、必要的支出，如支付的固定资产买价、包装费、运杂费、安装费等，反映了固定资产达到预定可使用状态时的实际成本。

对于建造的固定资产尚未办理竣工决算的，规定自达到预定可使用状态之日起，根据实际成本相关资料，按估计的价值转入"固定资产"并计提折旧。因此是否达到"预定可使用状态"是衡量可否作为固定资产进行核算和管理的标志，而不拘泥于"竣工决算"这个标准，这也是实质重于形式原则的一个具体应用。

（2）材料物资采购成本。购买材料所支付的买价和采购费用是材料物资采购成本的主要构成内容。买价是企业采购材料物资时按发票价格支付的货款。采购费用是企业在材料采购材料物资过程中发生的各项费用，具体包括运杂费（装卸费、保险费、包装费、仓储费等）以及运输途中的合理损耗、入库前的挑选整理费用等。

采购材料物资支付的买价和发生的采购费用，应按照购入材料的种类加以归集计算各种材料的实际采购成本。在归集费用时，凡能分清是为采购哪种材料所支付的费用的，应直接计入该种材料的采购成本；凡不能分清的，应采用合理的分配标准将费用分配进入各种采购成本中，如某企业在同一供货商处采购两种材料，同时运回该企业，共发生一笔运输费，这时就产生应如何将该笔运输费合理分配计入两种材料成本的问题，需要采用合理的分配标准，该分配标准应与费用的发生有密切的联系，以使实际导致较多费用发生的材料分摊较多。常见的分配标准有采购材料物资的重量、体积、买价、数量等。费用分配公式如下：

$$分配率 = \frac{待分配费用总额}{分配标准总额} \qquad (3-1)$$

某材料物资应分配的采购费用 = 该材料的分配标准额 × 分配率　　(3-2)

例11：B公司购入A材料200千克，单价10元；购入B材料400千克，单价8元。两种材料共发生运杂费660元。若本例中运杂费分配标准为采购材料的重量，则A材料和B材料的实际采购成本应做如下计算：

分配率 = 660÷（200+400）= 1.1（元/千克）

A材料应分摊的运杂费 = 200×1.1 = 220（元）

B材料应分摊的运杂费 = 400×1.1 = 440（元）

采购A材料的实际成本 = 10×200+220 = 2220（元）

采购B材料的实际成本 = 8×400+440 = 3640（元）

2. 增值税

企业购入固定资产和材料物资以及出售产品等，均涉及增值税的缴纳。增值税是对在中华人民共和国境内，销售货物或者提供加工修理修配劳务以及进口货物的单位和个人，就其取得的货物或应税劳务销售额计算税款，并实行税款抵扣制的一种流转税。由于增值税是对商品生产或流通各个环节的新增价值或商品附加值进行征税，所以称为增值税，是一种价外税，采取两段征收法，分为增值税进项税额和销项税额。

企业应缴纳的增值税采用税款抵扣的办法，根据公式"应纳税额 = 销项税额 - 进项税额"进行计算，纳税人以销项税额抵扣其进项税额的余额，为实际应向税务机关缴纳的增值税税额。

（二）固定资产购置业务的核算

1. 固定资产购置业务核算的账户

为了明确核算和监督固定资产购置业务，企业一般需要设置以下账户。

（1）"在建工程"账户。"在建工程"账户核算企业安装、建造或改造固定资产过程中发生的需要计入固定资产成本的各项耗费。账户性质为资产类账户。账户结构为借方登记固定资产安装、建造或改造过程中发生的耗费，包括购入的需要安装的固定资产的原价，在安装建造改造过程中发生的工程物资、劳务费用以及需要计入固定资产成本的其他各项耗费；贷方登记安装建造或改造完毕转出的固定资产总成本；期末余额一般在借方，反映企业期末正在安装建造或改造的固定资产成本。"在建工程"账户一般按工程内容，如建筑工程、安装工程、在安装设备、待摊支出以及单项工程设置明细账户，进行明细分类核算。

（2）"应交税费"账户。"应交税费"账户核算企业按税法规定应缴纳的各种税费的计算与实际缴纳情况，账户性质为负债类账户。账户结构为贷方登记计算出的各项应交而未交的税费的增加，包括计算出的增值税、消费税、城市维护建设税、所得税、资源税、房产税、城镇土地使用税、教育费附加等；借方登记实际缴纳的各项税费；期末余额方向不固定，如果在贷方表示未交税费的结余额，如果在借方表示多交的税费。本账户按照税种设置明细账户，进行明细分类核算。

（3）"应付职工薪酬"账户。"应付职工薪酬"账户核算企业按照规定应付给职工的各种薪酬。账户性质为负债类账户。账户结构为贷方登记应支付给职工的薪酬，借方登记实际支出的金额，期末贷方余额反映企业应付未付的职工薪酬。"应付职工薪酬"账户一般可按"工资""职工福利"的项目设置明细账户，进行明细分类核算。

2. 固定资产购置业务核算的处理

固定资产购入一般分为两种情况：一种是购置不需要安装的固定资产，企业购入不需安装的固定资产，应将固定资产的买价、包装费、运杂费和保险费等作为固定资产的成本计入"固定资产"账户；另一种是购置需要安装的固定资产，企业购入需要安装的固定资产，由于购入后需要发生安装调试成本，因此应将购入的固定资产的成本计入"在建工程"账户，然后将安装调试成本计入"在建工程"账户的借方，安装完毕，达到预定可使用状态并交付使用时，再转入"固定资产"账户。

如果企业自行建造固定资产，则需要将固定资产从建造开始至达到预定可使用状态前发生的必要支出计入"在建工程"账户，建造完成达到预定可使用状态时，结转固定资产成本。以下以具体案例阐述企业固定资产购置业务核算的业务处理。

例12：B公司购入一台不需要安装的生产用设备，该设备的买价150000元，增值税额19500元，包装运杂费（不核算增值税）等2000元，全部款项使用银行存款支付，设备当即投入使用。由于公司购入一台不需要安装的设备，购买完成之后就意味着该项资产达到了预定可使用状态，在购买过程中发生的货款和包装运杂费支出形成了该资产的采购成本，共计152000元（150000+2000）。采购过程中发生增值税，应作为进项税额记入"应交税费—应交增值税"账户。

该项经济业务的发生，一方面使企业的固定资产增加152000元，增值税进项税额增加19500元；另一方面使企业的银行存款减少171500元。因此，该项经济业务涉及"固定资产""应交税费—应交增值税""银行存款"三个账户。固定资产增加是资产的增加，应借记"固定资产"账户；增值税进项税额增加可以抵扣应交增值税，即负债的减少，应借记"应交税费—应交增值税"账户；银行存款的减少是资产的减少，应贷记"银行存款"账户。这项经济业务应编制的会计分录如下：

借：固定资产 152000

应交税费—应交增值税（进项税额）19500

贷：银行存款 171500

例 13：B 公司购入一台需要安装的生产用设备，该设备的买价 550000 元，增值税额 71500 元；包装运杂费等 3000 元，全部款项使用银行存款支付，设备投入安装。由于公司购入一台需要安装的设备，购买价款以及包装运杂费支出构成购置设备的安装工程成本，设备尚未达到预定可使用状态，因此安装工程成本应计入"在建工程"账户进行归集。

该项经济业务的发生，一方面使企业的在建工程支出增加 553000 元（550000+3000），增值税进项税额增加 71500 元；另一方面使企业的银行存款减少 624500 元（553000+71500），因此该项经济业务涉及"在建工程""应交税费—应交增值税""银行存款"三个账户。在建工程支出的增加是资产的增加，应借记"在建工程"账户；增值税进项税额增加是负债的减少，应借记"应交税费—应交增值税"账户；银行存款的减少是资产的减少，应贷记"银行存款"账户。这项经济业务应编制的会计分录如下：

借：在建工程 553000

应交税费—应交增值税（进项税额）71500

贷：银行存款 624500

例 14：B 公司的上述设备在安装过程中发生的安装费用包括领用本企业的原材料价值 13000 元，应付本企业安装工人的薪酬 24000 元。设备在安装过程中发生的安装费也构成固定资产安装工程支出。

该项经济业务的发生，一方面使企业固定资产安装工程支出（安装费）增加 37000 元（13000+24000）；另一方面使企业的原材料减少 13000 元，应付职工薪酬增加 24000 元，因此，该项经济业务涉及"在建工程""原材料""应付职工薪酬"三个账户。在建工程支出的增加是资产的增加，应借记"在建工程"账户；原材料的减少是资产的减少，应贷记"原材料"账户；应付职工薪酬的增加是负债的增加，应贷记"应付职工薪酬"账户。这项经济业务应编制的会计分录如下：

借：在建工程 37000

贷：原材料 13000

应付职工薪酬 24000

例 15：上述设备安装完毕，达到预定可使用状态，并经验收合格办理竣工决算手续，现已交付使用，结转工程成本。工程安装完毕，交付使用，意味着固定资产已达到可使用状态，应将安装成本 590000 元（553000+37000）全部转入固定资产成本。

该项经济业务的发生，一方面使企业固定资产成本增加 590000 元，另一方面使企业的在建工程成本减少 590000 元。因此，该项经济业务涉及"在建工程""固定资产"两个账户。固定资产成本增加是资产的增加，应借记"固定资产"账户；在建工程成本的结转是资产的减少，应贷记"在建工程"账户。这项经济业务应编制的会计分录如下：

借：固定资产 590000

贷：在建工程 590000

（三）材料物资采购业务的核算

1. 材料物资采购业务核算的账户

（1）"在途物资"账户。"在途物资"账户核算企业采用实际成本外购材料的买价和各种采购费用。账户性质为资产类账户。账户结构为借方登记购入材料的买价和采购费用（实际采购成本），贷方登记结转完成采购过程、验收入库材料的实际采购成本，期末余额一般在借方，反映尚未运达企业或者已经运达企业但尚未验收入库的在途材料的成本。"在途物资"账户一般按供应单位和购入材料的品种或种类设置明细账户，进行明细分类核算。

（2）"原材料"账户。"原材料"账户核算企业库存材料实际成本的增减变动及其结存情况。账户性质为资产类账户。账户结构为借方登记已验收入库材料实际成本的增加，贷方登记发出材料的实际成本（即库存材料实际成本的减少），期末余额在借方，反映库存材料的实际成本。"原材料"账户一般按材料的品种设置明细账户，进行明细分类核算。

（3）"库存现金"账户。"库存现金"账户核算企业库存现金的增减变动及结存情况。账户性质为资产类账户。账户结构为借方登记实际收到的金额，贷方登记实际支出的金额，期末余额在借方，反映库存现金的实际数额。

（4）"应付账款"账户。"应付账款"账户核算企业因购买原材料、商品和接受劳务供应等经营活动应支付的款项。账户性质为负债类账户。账户结构为贷方登记应付供应单位款项的增加（即应付未付的款项），借方登记应付供应单位款项的减少（即应付款项的清偿），期末余额一般在贷方，反映尚未偿还的应付账款结余额，若为借方余额则表示预付的款项。"应付账款"账户一般按照供应商的名称设置明细账户，进行明细分类核算，反映企业与不同供应商之间的结算关系。

（5）"应付票据"账户。"应付票据"账户核算企业采用商业汇票结算方式，购买材料物资等而开出、商业承兑汇票的增减变动及其结余情况。账户性质为负债类账户。账户结构为贷方登记企业开出商业承兑汇票的增加，借方登记到期商业汇票的减少，期末余额在贷方，反映尚未到期的商业汇票的期末结余额。"应付票据"账户一般按照债权人设置明细账户，进行明细分类核算，同时设置"应付票据备查簿"，详细登记商业汇票的种类号数、出票日期、到期日、票面金额、交易合同号和收款人姓名或收款单位名称以及付款日期和金额等资料。应付票据到期结清时，在被查账簿中注销。

（6）"预付账款"账户。"预付账款"账户核算企业因购买材料、商品和接受劳务等，按照合同规定向供应单位预付购料款而与供应单位形成的结算债权的增减变动及其结余情况。账户性质为资产类账户。账户结构为借方登记向供应商预付或补付的款项，贷方登记收到供应商发来的材料或收回预付货款。期末余额一般在借方，反映企业预付的款项；期末余额如为贷方余额，则反映企业尚未补付的款项，属于应付账款，预付账款不多的企业可以不设置本账户。"预付账款"账户一般按供应单位的名称设置明细账户，进行明细分类核算。

2. 材料物资采购业务核算的处理

购进材料时，可能发生的情况包括材料验收入库的同时支付款项；材料已验收入库，货款尚未支付；前期支付材料款项，本期材料验收入库；支付材料采购费用；结转材料采购成本等经济业务。以下以具体案例阐述材料物资采购业务核算的业务处理。

例16：B公司向中通公司购入A材料3000千克，单价13元/千克，共计买价39000元，增值税额5070元，发生运输费5000元。上述款项尚未支付，材料未到（不考虑运费涉及的增值税）。该项经济业务发生的买价和运输费构成了A材料的采购成本，共计44000元（39000+5000）。采购过程中发生增值税，应作为进项税额计入"应交税费—应交增值税"账户。

该项经济业务的发生，一方面使企业的材料增加，由于材料尚未到公司，因此企业在途物资增加44000元，同时增值税进项税额增加5070元；另一方面由于款项尚未支付，使公司的应付账款增加49070元。因此，该项经济业务涉及"在途物资""应交税费—应交增值税""应付账款"三个账户。在途物资增加是资产的增加，应借记"在途物资"账户；增值税进项税额增加可以抵扣应交增值税，即负债的减少，应借记"应交税费—应交增值税"账户；应付账款的增加应贷记"应付账款"账户。这项经济业务应编制的会计分录如下：

借：在途物资—A材料 44000

应交税费—应交增值税（进项税额）5070

贷：应付账款—中通公司 49070

例 17：上述购入的 A 材料运达并已验收入库，结转实际采购成本。该经济业务应将 A 材料的采购成本 44000 元转入"原材料"账户，一方面使原材料增加，另一方面在途物资减少。原材料的增加是资产的增加，应借记"原材料"账户；在途物资的减少是资产的减少，应贷记"在途物资"账户。这项经济业务应编制的会计分录如下：

借：原材料—A 材料 44000

贷：在途物资—A 材料 44000

例 18：B 公司向环宇公司采购 B、C 两种材料，B 材料 30000 千克，单价 4 元/千克，共计买价 120000 元；C 材料 20 吨，单价 10000 元/吨，共计买价 200000 元；增值税额 41600 元，上述款项由银行存款支付，材料尚未入库。该项经济业务发生的买价是材料的采购成本，B 材料成本 120000 元，C 材料成本 200000 元。采购过程中发生增值税，应作为进项税额计入"应交税费—应交增值税"账户。

该项经济业务的发生，一方面使企业的材料增加，由于材料尚未到公司，因此公司在途物资增加，同时增值税进项税额增加 41600 元；另一方面使企业的银行存款减少 361600 元（120000+200000+41600）。因此，该项经济业务涉及"在途物资""应交税费—应交增值税""银行存款"三个账户。在途物资增加是资产的增加，应借记"在途物资"账户；增值税进项税额增加可以抵扣应交增值税，即负债的减少，应借记"应交税费—应交增值税"账户；银行存款的减少是资产的减少，应贷记"银行存款"账户。这项经济业务应编制的会计分录如下：

借：在途物资—B 材料 120000

在途物资—C 材料 200000

应交税费—应交增值税（进项税额）41600

贷：银行存款 361600

例 19：B 公司用银行存款支付上述 B、C 材料的运输费：20000 元，按 B、C 材料重量比例进行分配。上述采购材料支付的运费属于材料采购成本的构成内容，应将其计入 B、C 两种材料的采购成本中。由于运输费是 B、C 两种材料共同发生的，应选择一定的标准在两种材料之间进行分配，由 B、C 材料分别承担运输成本，分配标准为材料重量比例，具体分配过程如下：

分配率 = 20000÷（30+20）= 400

B 材料应负担的运输费 = 400×30 = 12000（元）

C 材料应负担的运输费 = 400×20 = 8000（元）

根据分配结果将其分别计入 B、C 材料的采购成本中。

该项经济业务一方面使企业材料采购成本增加，另一方面使企业银行存款减少。因此，该项经济业务涉及"在途物资""银行存款"两个账户。在途物资的增加是资产的增加，应借记"在途物资"账户；银行存款减少是资产的减少，应贷记"银行存款"账户。这项经济业务应编制的会计分录如下：

借：在途物资—B 材料 12000

在途物资—C 材料 8000

贷：银行存款 20000

例 20：上述购入的 B、C 材料运达并已验收入库，结转实际采购成本。该经济业务应将 B 材料的采购成本 132000 元（120000+12000），C 材料的采购成本 208000 元（200000+8000）转入"原材料"账户。一方面使原材料增加，另一方面在途物资减少。原材料的增加是资产的增加，应借记"原材料"账户；在途物资的减少是资产的减少，应贷记"在途物资"账户。这项经济业务应编制的会计分录如下：

借：原材料—B 材料 132000

原材料—C 材料 208000

贷：在途物资—B 材料 132000

在途物资—C 材料 208000

例 21：B 公司以银行存款归还之前欠中通公司的 A 材料购料款 49070 元。该项经济业务的发生，一方面使企业的应付账款减少，"应付账款"是负债类账户，负债的减少应借记"应付账款"账户；另一方面使企业的银行存款减少，"银行存款"是资产类账户，资产的减少应贷记"银行存款"。这项经济业务应编制的会计分录如下：

借：应付账款—中通公司 49070

贷：银行存款 49070

例 22：B 公司按照合同规定，用银行存款预付给环宇公司订货款 180000 元。该项经济业务的发生，一方面使企业预付的订货款增加 180000 元，另一方面使企业的银行存款减少 180000 元，因此该项经济业务涉及"预付账款"和"银行存款"两个账户。预付订货款的增加是资产（债权）的增加，应借记"预付账款"账户；银行存款的减少是资产的减少，应贷记"银行存款"。该项经济业务应编制的会计分录如下：

借：预付账款—环宇公司 180000

贷：银行存款 180000

例 23：B 公司收到环宇公司发运来的之前已预付货款的 B 材料 50000 千克，随货物附来的发票注明该批 B 材料的价款 300000 元，增值税额 39000 元，材料尚未验收入库，除冲销原预付款 180000 元外，不足款项立即用银行存款支付。

该项经济业务的发生，一方面使企业的材料采购支出增加 300000 元，增值税进项税额增加 39000 元；另一方面使企业的预付款减少 180000 元，银行存款减少 159000 元（339000-180000）。因此该项经济业务涉及"在途物资""应交税费—应交增值税（进项税额）""预付账款""银行存款"四个账户。材料采购支出的增加是资产的增加，应借记"在途物资"账户；增值税进项税额的增加是负债的减少，应借记"应交税费—应交增值税（进项税额）"账户；预付款的减少是资产的减少，应贷记"预付账款"账户；银行存款的减少是资产的减少，应贷记"银行存款"账户。这项经济业务应编制的会计分录如下：

借：在途物资—B 材料 300000

　　应交税费—应交增值税（进项税额）39000

贷：预付账款 180000

　　银行存款 159000

B 材料验收入库，应做如下会计分录：

借：原材料—B 材料 300000

贷：在途物资—B 材料 300000

例 24：B 公司签发并承兑一张商业汇票购入 A 材料 17000 千克，该批材料的含税总价款 293800 元，增值税税率 13%。该笔经济业务中出现的是含税总价款 293800 元，应将其分解为不含税价款和税额两部分：

不含税价款=含税价款÷（1+税率）= 293800÷（1+13%）= 260000（元）

增值税税额=293800-260000=33800（元）

该项经济业务的发生，一方面使企业的材料采购支出增加 260000 元，增值税进项税额增加 33800 元；另一方面使企业的应付票据增加 293800 元。因此该项经济业务涉及"在途物资""应交税费—应交增值税""应付票据"三个账户，材料采购支出的增加是资产的增加，应借记"在途物资"账户；增值税进项税额的增加是负债的减少，应借记"应交税费—应交增值税"账户；应付票据的增加是负债的增加，应贷记"应付票据"账户。该项经济业务应编制的会计分录如下：

借：在途物资—A 材料 260000

　　应交税费—应交增值税（进项税额）33800

贷：应付票据 293800

A 材料验收入库，应做如下会计分录：

借：原材料—A 材料 260000

贷：在途物资—A 材料 260000

第三节　生产与销售业务的账务处理

一、生产经济业务的账务处理

（一）生产经济业务的内容

企业的主要经济活动是生产符合社会需要的产品生产过程，同时也是生产的耗费过程。生产业务是制造业企业的核心经济业务，这个过程中生产人员运用房屋建筑物与机器设备等固定资产对原材料进行加工，生产出市场所需的产品。生产过程既是产品的制造过程，也是固定资产、原材料以及劳动力等的消耗过程。企业在生产过程中发生的，用货币形式表现的生产耗费称作生产费用，这些费用最终都要归集分配到一定种类的产品上去，从而形成各种产品的成本。企业为生产一定种类、一定数量产品所支出的各种生产费用的总和，对象化于产品就形成了这些产品的成本。由此可见，费用与成本有着密切的联系，费用的发生过程也就是成本的形成过程，费用是产品成本形成的基础。但是费用与成本之间也有一定的区别，费用是在一定期间为了进行生产经营活动而发生的各项耗费，费用与发生的"期间"直接相关；而成本则是为生产某一产品或提供某一劳务所消耗的费用，成本与"成本对象"相关。

1. 生产费用

产品生产过程中发生的一切资金耗费称为生产费用，生产费用按其计入产品成本的方式不同，可分为直接费用和间接费用。直接费用是指企业生产产品过程中实际消耗的直接材料和直接人工。间接费用是指企业为生产产品和提供劳务而发生的各项间接支出，通常称为制造费用。各成本项目的具体内容如下。

（1）直接材料。直接材料指企业在产品生产和提供劳务的过程中消耗的直接用于产品生产，并构成产品实体的原材料及主要材料、外购半成品和辅助材料。

（2）直接人工。直接人工指企业在生产产品和提供劳务过程当中发生的，直接从事产品生产的工人工资及其他各种形式的职工薪酬。

（3）制造费用。制造费用指企业各个生产车间为组织和管理生产而发生的各项间接费用，包括生产车间管理人员的工资等职工薪酬，生产车间固定资产折旧费、办公费、差旅费、水电费、劳动保护费、机物料消耗、季节性和修理期间的停工损失等。

2. 期间费用

期间费用是指企业在生产经营过程中发生的，与特定产品生产没有直接关系，不能直接归属于某种产品成本，而应计入当期损益的各种费用，包括管理费用、销售费用和财务费用。

（二）生产经济业务的成本核算

1. 产品制造成本

产品制造成本是指为生产一定种类、数量的产品所发生的耗费，是对象化的费用。生产过程发生的主要经济业务是归集和分配生产费用，计算产品生产成本。产品生产成本公式如下：

产品生产成本 = 直接费用(直接材料、直接人工) + 间接费用(制造费用)　(3-3)

直接为产品生产而发生的各项费用，直接计入产品成本。生产车间为组织和管理产品生产而发生的间接费用，月末归集分配后再计入产品成本；企业行政管理部门为组织和管理生产经营活动而发生的管理费用，属于期间费用，不计入产品成本，月末直接计入当期损益。

2. 存货发出成本

作为生产储备的材料，属于企业的存货，确定发出材料的数量和成本，属于存货数量的确定和发出存货计价的问题。相同的存货可能在不同时间、不同批次购进或生产，其单位成本不尽相同，在实务中一般根据不同的存货流转假设来确定发出存货的成本。存货流转假设主要有先取得的存货先发出、存货均匀发出等假设。在不同的存货流转假设基础上，产生了不同的存货发出计价方法，如先进先出法、加权平均法和个别计价法等。

（1）先进先出法。先进先出法是假设先入库的存货先发出，即按照存货入库的先后顺序，用先入库存货的单位成本，确定发出存货成本的一种方法。采用先进先出法对存货进行计价，其优点是可以将发出存货的计价工作分散在平时进行，减轻了月末的计算工作量；随时确定发出存货的成本，保证了产品成本和销售成本计算的及时性；期末存货的计价标准为后入库存货的价格，从而使反映在资产负债表上的存货价值比较接近当前的市价。其缺点是在物价上涨时，本期发出存货成本要比当前市价低，从而使本期利润偏高，高估存货价值；反之，则会低估当期利润和存货价值。

（2）加权平均法。加权平均法是把可供发出的存货总成本平均分配给所有可供发出的存货数量。因此本期发出存货成本和期末存货成本都要按这一平均单价计算。在平均单价的计算过程中，考虑了各批存货的数量因素，即批量越大的存货，其成本对平均单价的影响也越大。由于数量对单价起权衡轻重的作用，故由此计算的平均单价称为加权平均单价。加权平均法又分为月末一次加权平均法和移动加权平均法，此处重点介绍月末一次加权平均法。

月末一次加权平均法是指以月初结存存货数量和本月各批收入存货数量作为权数，计算本月存货的加权平均单位成本，据以确定本月发出存货成本和月末结存存货成本的一种方法。相关计算公式如下：

$$本月发出存货成本 = 加权平均单位成本 \times 本月发出存货的数量 \quad (3-4)$$
$$月末结存存货成本 = 加权平均单位成本 \times 本月结存存货的数量 \quad (3-5)$$

由于在计算加权平均单位成本时，往往不能除尽，实务中应当先按加权平均单位成本计算月末结存存货成本，然后倒挤出本月发出存货成本，将计算尾差计入发出存货成本，即：

$$月末结存存货成本 = 加权平均单位成本 \times 本月结存存货的数量 \quad (3-6)$$
$$本月发出存货成本 = 月初结存存货成本 + 本月收入存货成本 - 月末结存存货成本$$
$$(3-7)$$

采用月末一次加权平均法，只在月末一次性计算加权平均单位成本，并结转发出存货成本即可，其优点是平时不对发出存货计价，因而日常核算工作量较小、简便易行，适用于存货收发比较频繁的企业；其缺点是因为存货计价集中在月末进行，所以平时无法提供发出存货和结存存货的单价及金额，不利于存货的管理。

（3）个别计价法。个别计价法亦称个别认定法或具体辨认法，是指本期发出存货和期末结存存货的成本，完全按照该存货所属购进批次或生产批次入账时的实际成本进行确定的一种方法。由于采用该方法，要求各批发出的存货必须可以逐一辨认所属的购进批次或生产批次，因此需要对每一类存货的品种规格、入账时间、单位成本、存放地点等做详细记录。

个别计价法的特点是存货的成本流转与实物流转完全一致，因而能准确地反映本期发出存货和期末结存存货的成本。该方法日常核算非常烦琐，存货实物流转的操作程序也相当复杂。个别计价法只适用于不能替代使用的存货，会为特定项目专门购入或制造的存货的计价，以及品种不多、单位价值较高或体积较大、容易辨认的存货的计价，如房产、船舶、飞机、重型设备以及珠宝、名画等贵重物品。

（三）生产制造业务的核算

1. 生产制造业务核算的账户

（1）"生产成本"账户。"生产成本"账户核算企业在生产产品、自制材料、自制工具的过程中发生的各项生产费用。账户性质为成本类账户。账户结构为借方登记产品生产过程中发生的直接材料费用、直接人工费用和分配结转的制造费用；贷方登记验收入库的完工产品生产成本的结转数；期末余额在借方，反映尚未完工的在产品的生产成本。"生产成本"账户一般按成本核算对象，如产品品种设置明细账户，进行明细分类核算。

（2）"制造费用"账户。"制造费用"账户核算企业为生产产品和提供劳务而发生的各项间接生产费用。账户性质为成本类账户。账户结构为借方登记实际发生的各项间接费用的数额；贷方登记分配转入"生产成本"账户的应由各受益对象负担的间接费用的数额。账户期末结转后一般无余额。"制造费用"账户一般按生产车间设置明细账户，进行明细分类核算。

（3）"库存商品"账户。"库存商品"账户核算企业库存的各种商品的收入发出和结存情况。账户性质为资产类账户。账户结构为借方登记生产完工入库的产成品的成本；贷方登记因为销售等原因发出的产成品的成本。期末余额通常在借方，反映企业库存产成品的成本。"库存商品"账户一般按产品的品种规格设置明细账户，进行明细分类核算。

（4）"应付职工薪酬"账户。"应付职工薪酬"账户核算企业按照规定应付给职工的各种薪酬。账户性质为负债类账户。

（5）"累计折旧"账户。"累计折旧"账户核算固定资产因损耗而发生的价值的转移。账户性质为资产类账户。账户结构为贷方登记逐期计提的固定资产折旧；借方登记处置固定资产时结转的累计折旧；期末余额在贷方，反映企业固定资产的累计折旧额。"累计折旧"账户为"固定资产"账户的备抵账户，期末"固定资产"账户余额减去"累计折旧"账户余额的差额，反映企业期末固定资产的净值。

（6）"管理费用"账户。"管理费用"账户核算企业为了组织和管理生产经营活动所发生的各种耗费，包括行政管理部门人员的职工薪酬、管理部门使用的固定资产的折旧费、管理部门办公费以及各部门发生的固定资产修理费等。账户性质为损益类账户。账户结构为借方登记企业发生的各项管理费用数额，期末该期间归集的管理费用全部从本账户贷方结转至"本年利润"账户的借方，结转后应无余额。"管理费用"账户一般按费用种类设置明细账户，进行明细分类核算。

2. 生产制造业务核算的处理

生产过程账务处理的主要内容，包括生产经营过程中消耗的原材料、职工薪酬等直接费用的归集与分配，固定资产折旧等制造费用的归集与分配，生产成本的计算，以及完工产品成本的结转。

（1）生产费用的归集和分配。

第一，材料费用的归集与分配。为了更好地进行材料费用的核算，材料费用一般按领用部门和用途进行归集，并按其用途分配，计入产品成本或期间费用。生产某种产品领用的材料，可直接计入该产品生产成本明细账中的直接材料成本项目；对几种产品共同耗用的原材料，应采用适当的方法将材料费用在各种产品之间进行分配，分别计入各产品生产成本明细账中。生产车间用于间接消耗的材料应计入"制造费用"账户，行政管理部门消耗的材料应计入"管理费用"账户。

例25：根据（例16-例24）中B公司7月购入A、B两种原材料的情况，假定材料均匀发出，运用加权平均法计算，得出A、B两种材料的加权平均成本如下：

A材料的加权平均成本=（44000+260000）÷（3000+17000）=15.2（元/千克）

B材料的加权平均成本=（132000+300000）÷（30000+50000）=5.4（元/千克）

根据A、B材料加权平均成本，B公司7月发料凭证汇总如表3-1[①]所示。

表3-1 发出材料汇总 单位：元

项目	A材料（15.2/千克）		B材料（5.4/千克）		合计
	数量	金额	数量	金额	
生产甲产品领用	1000	15200	2000	10800	26000
生产乙产品领用	500	7600	1200	6480	14080
车间一般耗用	400	6080	800	4320	10400
行政管理部门耗用	100	1520	200	1080	2600
合计	2000	30400	4200	22680	53080

从表3-1所列资料可以看出，一方面，本月库存A、B两种材料减少共计53080元，另一方面，材料耗费53080元转入成本费用。根据领用材料的用途不同，需要将耗用的材料费用转入不同的成本费用账户。其中材料直接投入生产甲产品，使甲产品的生产成本增加26000元的直接材料费用；材料直接投入乙产品生产，使乙产品的生产成本增加14080元的直接材料费用；材料用于车间一般耗用，即为了生产甲、乙两种产品共同耗用材料

---

① 本节表格引自王蕾，赵若辰. 基础会计 [M]. 上海：立信会计出版社，2021：24.

10400元，属于间接费用；管理部门领用材料2600元用于经营管理，使管理费用增加。因此，该项经济业务涉及"生产成本""制造费用""管理费用"和"原材料"四个账户。直接材料费用的增加、间接费用的增加以及管理费用的增加都是企业成本费用的增加，应借记"生产成本""制造费用"和"管理费用"账户；原材料的耗用是企业资产的减少，应贷记"原材料"账户。这项经济业务应编制的会计分录如下：

借：生产成本—甲产品 26000

生产成本—乙产品 14080

制造费用 10400

管理费用 2600

贷：原材料 53080

第二，人工费用的归集与分配。人工费用是产成品生产成本和期间费用的重要组成部分，应按其发生的地点进行归集，并按其用途分别计入产品生产成本和期间费用。直接从事产品生产的工人工资及各种职工薪酬等属于生产费用，应计入"生产成本"账户；对几种产品共同发生的人工费用，应采用适当的标准和方法，将人工费用在各种产品之间分配，分别计入各产品生产成本明细账中。管理部门人员的薪酬应计入"管理费用"账户；销售机构人员的工资及职工薪酬等，应计入"销售费用"账户。

例26：7月31日，B公司分配结转本月工资费用，根据工资结算汇总表编制工资费用分配汇总表，如表3-2所示。

表3-2 工资费用分配汇总 单位：元

车间、部门		应分配金额
车间生产人员	甲产品	18000
	乙产品	15020
	小计	33020
车间管理人员		12900
厂部管理人员		11380
合计		57300

该项经济业务一方面使企业产品成本中的人工费用增加，其中，计提生产工人的工资，生产成本增加；计提车间管理人员的工资，制造费用增加；计提厂部管理人员的工资，管理费用增加。另一方面使企业计提的工人工资增加。因此，该项经济业务涉及"生产成本""制造费用""管理费用"和"应付职工薪酬"四个账户。直接人工、制造费用以及管理费用的增加是企业成本费用的增加，应借记"生产成本""制造费用""管理费

用"账户；计提的工人工资增加是企业负债的增加，应贷记"应付职工薪酬"账户。这项经济业务应编制的会计分录如下：

借：生产成本—甲产品 18000

生产成本—乙产品 15020

制造费用 12900

管理费用 11380

贷：应付职工薪酬 57300

例 27：某年 8 月 10 日，B 公司根据 7 月工资结算汇总表签发转账支票一张，金额为 57300 元，将职工工资委托银行发放到职工工资卡中。该项经济业务一方面使企业应付职工薪酬减少，另一方面使企业银行存款减少。因此，涉及"应付职工薪酬"和"银行存款"两个账户。应付职工薪酬的减少是负债的减少，应借记"应付职工薪酬"账户；银行存款减少是资产的减少，应贷记"银行存款"账户。这项经济业务应编制的会计分录如下：

借：应付职工薪酬 57300

贷：银行存款 57300

第三，制造费用的归集与分配。制造费用是企业为生产产品发生的间接费用，间接生产费用是生产多种产品或劳务的共同耗费，不能直接计入某成本核算对象，应先在"制造费用"账户进行归集汇总，期末采用恰当的分配标准和方法，分配计入相关的成本核算对象中。其主要内容是企业的生产部门（包括基本生产车间和辅助生产车间）为组织和管理生产活动，以及为生产活动服务而发生的费用，如车间管理人员的工资及福利费、车间生产使用的照明费、取暖费、运输费、劳动保护费等。制造费用的分配应根据不同的情况选择适当的分配标准，如生产工人的工时、机器工时、生产工人工资等，都可以作为制造费用的分配标准。

例 28：B 公司计提当月固定资产折旧 51000 元，其中生产车间固定资产折旧 39000元，企业管理部门固定资产折旧 12000 元。固定资产在使用过程中，由于磨损而逐步损耗的价值称为固定资产折旧，企业应按月计提固定资产折旧。提取固定资产折旧时，一方面意味着当期的费用成本增加，应区分不同的空间范围，计入不同的费用成本类账户。其中，车间固定资产提取的折旧额，应借记"制造费用"账户；厂部固定资产提取的折旧额，应借记"管理费用"账户。另一方面，固定资产计提折旧额的增加，实际上是固定资产价值的减少，本应计入"固定资产"账户的贷方，但由于固定资产账户只负责记录固定资产取得原值的增减变动（在固定资产使用期内一般是不变的），因此对固定资产提取的折旧额，应贷记"累计折旧"账户，表示固定资产已计提折旧额的增加。这项经济业务应编制的会计分录如下：

　　借：制造费用 39000

　　　　管理费用 12000

　　贷：累计折旧 51000

　　例 29：B 公司以现金支付生产车间办公用品费用 700 元，厂部办公用品费用 300 元。该项经济业务的发生，一方面使企业车间的办公用品费用增加 700 元，厂部办公用品费用增加 300 元，另一方面使企业现金减少 1000 元，因此该项经济业务涉及"制造费用""管理费用"和"库存现金"三个账户，其中车间及厂部办公用品费的增加是费用的增加，应借记"制造费用""管理费用"账户；现金减少是资产的减少，应贷记"库存现金"账户。这项经济业务应编制的会计分录如下：

　　借：制造费用 700

　　　　管理费用 300

　　贷：库存现金 1000

　　例 30：B 公司以银行存款支付本月生产车间水电费 2000 元。该项经济业务的发生，一方面使企业车间水电费增加 2000 元，另一方面使企业银行存款减少 2000 元。因此该项经济业务涉及"制造费用"和"银行存款"两个账户。水电费增加是成本的增加，应借记"制造费用"账户；银行存款的减少是资产的减少，应贷记"银行存款"账户。这项经济业务应编制的会计分录如下：

　　借：制造费用 2000

　　贷：银行存款 2000

　　例 31：B 公司在月末将本月发生的制造费用，按照生产工时比例分配计入甲、乙两种产品中。其中，甲产品生产工时为 3000 工时，乙产品生产工时为 2000 工时。对该项经济业务，首先，归集本月发生的制造费用总额 65000 元（10400＋12900＋39000＋700＋2000）。其次，按照生产工人的工时比例进行分配，计算制造费用分配率。最后确定每种产品应负担的制造费用数额。具体计算如下，企业可以根据"制造费用"账户的情况编制制造费用分配表，如表 3-3 所示。

　　制造费用分配率＝制造费用总额÷分配标准之和（即生产工人工时之和）

　　　　　　　　　　＝65000÷（3000＋2000）＝13

　　甲产品负担的制造费用＝3000×13＝39000（元）

　　乙产品负担的制造费用＝2000×13＝26000（元）

表 3-3 制造费用分配 单位：元

应借科目		分配标准（工时）	分配率	分配金额
总分类账	明细分类账			
生产成本	甲产品	3000	13	39000
	乙产品	2000	13	26000
合计		5000	13	65000

该项经济业务将分配的结果记入产品成本，一方面使企业产品生产费用增加 65000 元；另一方面使公司的制造费用减少 65000 元。因此，该项经济业务涉及"生产成本"和"制造费用"两个账户。产品生产费用的增加，应借记"生产成本"账户；制造费用的减少是成本费用的结转，应贷记"制造费用"账户。这项经济业务应编制的会计分录如下：

借：生产成本—甲产品 39000

　　生产成本—乙产品 26000

贷：制造费用 65000

（2）产品生产成本的计算和结转。"成本核算是成本管理工作的重要组成部分，成本核算的正确与否直接影响企业的生产和经营。"[1] 在制造费用分配至各种产品的生产成本后，应计入产品生产成本的直接材料费用、直接人工费用和制造费用等都已归集在"生产成本"账户的借方，在此基础上可以进行产品生产成本的计算。产品生产成本计算是指在产品生产完工之后，编制产品生产成本计算表，计算验收入库的完工产品生产总成本和单位成本。月末，如果某种产品全部完工，该产品生产成本明细账所归集的费用总额即为该种完工产品的生产总成本。如果某种产品全部没有完工，该产品生产成本明细账所归集的费用总额即为该种在产品的生产总成本。如果某种产品部分完工，该产品生产成本明细账所归集的费用总额，还应采取一定的方法在完工产品和在产品之间进行分配，然后计算出完工产品的生产总成本和单位成本。完工产品生产成本的简单计算公式为：

完工产品生产成本=期初在产品成本+本期发生的生产费用–期末在产品成本　（3-8）

例 32：B 公司 7 月初甲产品的在产品成本为 28000 元，其中直接材料 17000 元、直接人工 8000 元、制造费用 3000 元，乙产品月初无在产品。至本月末，甲、乙两种产品全部完工，产量分别为 600 件和 500 件，根据上述资料分别登记甲、乙两种产品的生产成本明细分类账，如表 3-4 和表 3-5 所示，并进行成本计算编制产品成本汇总计算表，如表 3-6 所示。

---

①罗鹏. 中小企业外贸业务成本核算相关问题分析 [J]. 会计之友，2011（14）：73.

表 3-4 生产成本明细分类账产品　　　　　　　名称：甲产品；单位：元

×年		摘要	借方（成本项目）				贷方	余额
月	日		直接材料	直接人工	制造费用	合计		
7	1	月初在产品成本	17000	8000	3000	28000		28000
	31	领用材料	26000			26000		54000
	31	分配职工薪酬		18000		18000		72000
	31	分配制造费用			39000	39000		111000
	31	结转完工产品成本					111000	0
	31	合计	43000	26000	42000	111000	111000	0

表 3-5 生产成本明细分类账产品　　　　　　　名称：乙产品；单位：元

×年		摘要	借方（成本项目）				贷方	余额
月	日		直接材料	直接人工	制造费用	合计		
7	1	月初在产品成本	0	0	0	0		0
	31	领用材料	14080			14080		14080
	31	分配职工薪酬		15020		15020		29100
	31	分配制造费用			26000	26000		55100
	31	结转完工产品成本					55100	0
	31	合计	14080	15020	26000	55100	55100	0

表 3-6 产品成本汇总计算　　　　　　　　　单位：元

××年 7 月 31 日

成本项目	甲产品（600 件）		乙产品（500 件）	
	总成本	单位成本	总成本	单位成本
直接材料	43000		14080	
直接人工	26000		15020	
制造费用	42000		26000	
合计	111000	185	55100	110.20

产品完工入库结转成本的经济业务，一方面使企业的库存商品成本增加，其中甲产品成本增加 111000 元，乙产品成本增加 55100 元。另一方面由于本月全部产品均已完工入库，结转入库产品实际成本，产品生产成本减少。因此，该项经济业务涉及"库存商品"和"生产成本"两个账户。库存商品成本的增加是资产的增加，应借记"库存商品"账户；生产成本的结转是成本的减少，应贷记"生产成本"账户。这项经济业务应编制的会计分录如下：

借：库存商品—甲产品 111000

库存商品—乙产品 55100

贷：生产成本—甲产品 111000

生产成本—乙产品 55100

二、销售经济业务的账务处理

（一）销售经济业务的内容

企业经过了生产过程，生产出符合要求、可对外销售的产品，形成了商品存货，接下来就要进入销售过程，通过销售过程将生产出来的产品销售出去，实现其价值。商品销售的过程是企业经营过程的最后一个阶段。企业产品售出后，企业取得销售货款，生产经营资金的形态又由成品资金转化为货币资金，至此企业的生产经营资金完成了整个资金循环。在销售过程中，企业一方面按合同规定为客户提供产品；另一方面与客户办理款项结算，企业用收回的资金重新购买原材料等物资，开展新一轮的产品生产活动。如果产品资金无法顺利转化为货币资金，企业的资金循环将中断，因此销售业务是制造业企业经营过程以及资金循环过程的重要环节。

企业销售过程的主要经济业务包括通过销售产品确认和计量商品销售收入，计算增值税销项税额，记录同客户之间的款项结算；根据配比原则在确认销售收入的当期，将售出产品的成本确认为销售成本；按照国家税法的规定计算缴纳的各项销售税金；确认在销售过程中发生的运输、包装、广告等销售费用。

（二）销售经济业务的核算

1. 销售经济业务核算的账户

（1）"应收账款"账户。"应收账款"账户核算企业因销售商品、提供劳务等经营活动应向购货单位或接受劳务单位收取的款项。账户性质为资产类账户。账户结构为借方登记因经营活动发生的应收款的金额，反映一种债权；贷方登记收回的应收款项，反映债权的收回。该账户期末若为借方余额，反映企业尚未收回的应收款项；若为贷方余额，反映企业预收的款项。不单独设置"预收账款"账户的企业，预收的账款也在该账户核算。"应收账款"账户一般按购货单位或接受劳务单位设置明细账户，进行明细分类核算。

（2）"应收票据"账户。"应收票据"账户核算企业因赊销而收到的商业汇票，包括银行承兑汇票和商业承兑汇票。账户性质为资产类账户。账户结构为借方登记企业因销售产品而收到购货方交来的商业汇票；贷方登记到期收回或未到期向银行贴现的商业汇票。期末余额一般在借方，反映尚未到期的票据款项。"应收票据"账户一般按开出商业承兑汇票的单位设置明细账户，进行明细分类核算。

（3）"预收账款"账户。"预收账款"账户核算企业销售商品时，根据合同向购货单位预收货款及发货后进行结算的账户。账户性质为负债类账户。账户结构为贷方登记预收购货单位的款项，由于还没有履行合同规定的发出商品等义务，无法确认销售收入，因此预收的款项实际上是负债，以后需要提供商品或劳务进行偿还；借方登记发货后与购货单位结算的款项，即履行相关义务，实现销售时，应借记本账户。期末余额若在贷方反映企业预收的款项，即已预收但尚未用产品或劳务偿付的款项；若为借方余额则反映应由购货单位补付的款项，实质为企业应收但尚未收回的款项。"预收账款"账户按购货单位或接受劳务单位设置明细账户，进行明细分类核算。

（4）"主营业务收入"账户。"主营业务收入"账户核算企业在销售商品、提供劳务等主营业务中所取得的收入。账户性质为损益类账户。账户结构为贷方登记企业实现的主营业务收入（即主营业务收入的增加）；借方登记发生销售退回和销售折让时，应冲减本期的主营业务收入，以及期末转入"本年利润"账户的主营业务收入额（按净额结转）。期末结转后，该账户没有余额。"主营业务收入"账户一般按主营业务的种类设置明细账户，进行明细分类核算。

（5）"其他业务收入"账户。"其他业务收入"账户核算企业除主营业务活动以外，其他经营活动实现的收入，包括出租固定资产、出租无形资产、出租包装物、销售材料等取得的收入，账户结构为贷方登记实现的其他业务收入额（即其他业务收入的增加）；借方登记期末转入"本年利润"账户的其他业务收入。期末结转后，该账户没有余额。"其他业务收入"账户一般可按其他业务收入种类设置明细账户，进行明细分类核算。

（6）"主营业务成本"账户。"主营业务成本"账户核算企业因销售商品、提供劳务等而应结转的成本。账户性质为损益类账户。账户结构为借方登记主营业务成本发生的实际成本，贷方登记期末转入"本年利润"账户的主营业务成本额。期末结转后该账户没有余额。"主营业务成本"账户一般按主营业务的种类设置明细账户，进行明细分类核算。

（7）"其他业务成本"账户。"其他业务成本"账户性质为损益类账户，账户结构为借方登记其他业务成本，包括材料销售成本，提供劳务的成本、费用的发生，即其他业务成本的增加；贷方登记期末转入"本年利润"账户的其他业务成本额。期末结转后，该账户没有余额，"其他业务成本"账户一般按其他业务的种类设置明细账户，进行明细分类核算。

（8）"税金及附加"账户。"税金及附加"账户核算企业经营活动中发生的消费税、城市维护建设税、资源税、教育费附加及房产税、城镇土地使用税、车船税、印花税等相关税费。缴纳的相关税费属于销售收入的抵减项目，因此本账户的账户性质是损益类账户。账户结构为借方登记按税法规定计算的经营活动应交的上述税费；贷方登记期末转入"本年利润"账户的税金。期末结转后，"税金及附加"账户没有余额。"税金及附加"账户一般按税种及附加项目设置明细账户，进行明细分类核算。

（9）"销售费用"账户。"销售费用"账户核算企业销售商品、提供劳务过程中发生的费用，包括运输费、装卸费、包装费、保险费、展览费和广告费等。账户性质为损益类账户。账户结构为借方登记发生的相关销售费用，贷方登记期末转入"本年利润"账户的同销售收入相配比的相关销售费用金额。期末结转后，该账户没有余额。"销售费用"账户一般按费用项目设置明细账户，进行明细分类核算。

2. 销售经济业务核算的处理

（1）营业收入的会计核算。营业收入包括主营业务收入和其他业务收入。工业企业的主营业务收入，主要包括销售商品、自制半成品、代制品、代修品、提供工业性劳务等实现的收入；商业企业的主营业务收入，主要包括销售商品实现的收入；咨询公司的主营业务收入，主要包括提供咨询服务实现的收入；安装公司的主营业务收入，主要包括提供安装服务实现的收入。

企业在经营过程中除了要发生主营业务，还会发生一些非经常性的、具有经营性的其他业务，属于企业日常活动中次要交易实现的收入，一般占企业总收入的比重较小。其他业务是指企业在经营过程中发生的除主营业务以外的其他销售业务，一般企业的其他业务包括销售材料、出租包装物、出租固定资产、出租无形资产等活动。对不同的企业而言，主营业务和其他业务的内容划分并不是绝对的，一个企业的主营业务，可能是另一个企业的其他业务；即便在一个企业里，不同期间的主营业务和其他业务的内容也不是固定不变的。企业取得的收入，应当按照从购货方已收或应收的合同或协议价款，确定销售商品收入金额，但已收或应收的合同或协议价款不公允的除外。

增值税销项税额是指企业销售应税货物或提供应税劳务而收取的增值税税额，应按照增值税专用发票记载的货物售价和规定税率进行计算。销项税额计算出来之后，应贷记"应交税费—应交增值税"账户。

例33：B公司销售1000件甲产品给西城机械公司，每件售价300元，增值税专用发票上注明的价款为300000元，增值税额39000元。产品已发出，价款已存入银行。该项经济业务的发生，一方面企业应确认一笔主营业务收入，同时随同价款一并收取的，由购

货方承担的增值税销项税额增加；另一方面使企业银行存款增加 339000 元（300000 +
39000）。因此该经济业务涉及"银行存款""主营业务收入""应交税费—应交增值税
（销项税额）"三个账户。其中，银行存款增加是资产的增加，应借记"银行存款"账
户；销售收入增加是企业收入的增加，应贷记"主营业务收入"账户；增值税销项税额的
增加是企业负债的增加，应贷记"应交税费—应交增值税"。这项经济业务应编制的会计
分录如下：

借：银行存款 339000

贷：主营业务收入—甲产品 300000

应交税费—应交增值税（销项税额）39000

例 34：B 公司销售 2000 件乙产品给通达汽车公司，每件售价 200 元，增值税专用发
票上注明的价款为 400000 元，增值税额 52000 元。产品已发出，价款尚未收到。该项经
济业务的发生，一方面企业应确认一笔主营业务收入，同时随同价款一并收取的，由购货
方承担的增值税销项税额增加；另一方面使企业应收账款增加 452000 元（400000 +
52000）。因此该经济业务涉及"主营业务收入""应交税费—应交增值税""应收账款"
三个账户。其中，应收账款增加是资产的增加，应借记"应收账款"账户；销售收入增加
是企业收入的增加，应贷记"主营业务收入"账户；增值税销项税额的增加是企业负债的
增加，应贷记"应交税费—应交增值税"。这项经济业务应编制的会计分录如下：

借：应收账款—通达汽车公司 452000

贷：主营业务收入—乙产品 400000

应交税费—应交增值税（销项税额）52000

例 35：B 公司向通达汽车公司销售 500 件甲产品，每件售价 320 元；销售 200 件乙产
品，每件售价 190 元。增值税专用发票上注明的价款为 198000 元，增值税额 25740 元。产
品已发出，收到一张买方签发并已承兑的含全部款项的商业汇票。

该项经济业务的发生，一方面企业应确认一笔主营业务收入，同时随同价款一并收取
的，由购货方承担的增值税销项税额增加；另一方面使企业应收票据增加 223740 元
（198000+25740）。因此该经济业务涉及"主营业务收入""应交税费—应交增值税（销项
税额）""应收票据"三个账户。其中，应收票据增加是资产的增加，应借记"应收票
据"账户；销售收入增加是企业收入的增加，应贷记"主营业务收入"账户；增值税销
项税额的增加是企业负债的增加，应贷记"应交税费—应交增值税"。这项经济业务应编
制的会计分录如下：

借：应收票据—通达汽车公司 223740

贷：主营业务收入—甲产品 160000

主营业务收入—乙产品 38000

应交税费—应交增值税（销项税额）25740

例 36： B 公司按照合同规定，预收西城机械公司订购的甲产品的货款 500000 元，存入银行。该项经济业务的发生，一方面使公司的银行存款增加，另一方面使公司的预收账款增加。因此该项经济业务涉及"银行存款""预收账款"两个账户。银行存款的增加是资产的增加，应借记"银行存款"账户；预收账款增加是负债的增加，应贷记"预收账款"账户。这项经济业务应编制的会计分录如下：

借：银行存款 500000

贷：预收账款—西城机械公司 500000

例 37： B 公司向西城机械公司发出甲产品 1600 件，发票注明价款 496000 元，增值税额 64480 元。原预收款不足，其差额部分当即收到并存入银行。B 公司按合同约定，原收西城机械公司货款 500000 元，现发货的价税合计 560480 元（496000+64480），不足款项的差额为 60480 元（560480-500000）。这项经济业务的发生，一方面使公司的预收账款减少 500000 元，银行存款增加 60480；另一方面使公司的商品销售收入增加 496000 元，增值税销项税额增加 64480 元。因此该项经济业务涉及"预收账款""银行存款""主营业务收入""应交税费—应交增值税（销项税额）"四个账户。预收账款的减少是企业负债的减少，应借记"预收账款"账户；银行存款的增加是资产的增加，应借记"银行存款"账户；销售收入增加是企业收入的增加，应贷记"主营业务收入"账户；增值税销项税额的增加是企业负债的增加，应贷记"应交税费—应交增值税"。这项经济业务应编制的会计分录如下：

借：预收账款—西城机械公司 500000

银行存款 60480

贷：主营业务收入—甲产品 496000

应交税费—应交增值税（销项税额）64480

以上是该业务的合并会计分录，也可以将此会计分录拆解成两个一般会计分录。先确认全部的销售收入，直接计入"预收账款"账户，然后再进行债权债务的结算。这种情况通常用于销售收入确认和款项结算不在同一时间的经济业务，大部分企业发货与结算款项时间不一致。这样的处理方式，更有利于明晰往来款项的债权债务关系。

例 38： B 公司向西城机械公司发出甲产品 1300 件，发票注明价款 403000 元，增值税额 52390 元。B 公司多收货款，其差额部分 5 日后结清款项，退回西城机械公司。B 公司按合同约定，原收西城机械公司货款 500000 元，现发货的价税合计 455390 元（403000+52390），多余款项的差额为 44610 元（500000-455390）。该项经济业务分为两部分，一部分确认销售收入，预收账款减少；另一部分结清款项，退回多收的货款。

确认销售收入。企业主营业务收入增加，增值税销项税额增加，预收账款减少。预收账款减少是负债的减少，应借记"预收账款"账户；销售收入增加是企业收入的增加，应贷记"主营业务收入"账户；增值税销项税额的增加是企业负债的增加，应贷记"应交税费—应交增值税（销项税额）"。这项经济业务应编制的会计分录如下：

借：预收账款—西城机械公司 455390

贷：主营业务收入—甲产品 403000

应交税费—应交增值税（销项税额）52390

结算债权债务，结清款项。B 公司预收西城机械公司货款 500000 元，先发货价税合计 455390 元，应退回多收的款项。"预收账款"账户贷方预收 500000 元，借方确认本次合同价税合计 455390 元，借贷方差额 44610 元系贷方余额，是企业的负债（即应付款项），须结算清相关款项。预收账款的退回是负债的减少，应借记"预收账款"账户；以银行存款退回多余款项，银行存款减少是资产的减少，应贷记"银行存款"账户。这项经济业务应编制的会计分录如下：

借：预收账款—西城机械公司 44610

贷：银行存款 44610

例 39：B 公司销售一批原材料，价值 38000 元，增值税销项税额 4940 元，价款收到，存入银行。对一般制造类企业，销售原材料是企业的其他业务。该项经济业务的发生，一方面企业应确认一笔其他业务收入，同时随同价款一并收取的，由购货方承担的增值税销项税额增加；另一方面使企业银行存款增加 42940 元。因此该经济业务涉及"银行存款""其他业务收入""应交税费—应交增值税（销项税额）"三个账户。其中，银行存款增加是资产的增加，应借记"银行存款"账户；销售收入增加是企业收入的增加，应贷记"其他业务收入"账户；增值税销项税额的增加是企业负债的增加，应贷记"应交税费—应交增值税（销项税额）"。这项经济业务应编制的会计分录如下：

借：银行存款 42940

贷：其他业务收入 38000

应交税费—应交增值税（销项税额）4940

（2）营业成本的会计核算。企业在销售商品的过程中，一方面减少了库存的存货，另一方面作为取得主营业务收入而垫支的资金，表明企业发生了费用，我们把这项费用称为主营业务成本（也称销售成本）。销售发出的商品成本转为主营业务成本，应遵循配比原则的要求，主营业务成本的结转应与主营业务收入在同一会计期间加以确认，且应与主营业务收入在数量上保持一致。

$$主营业务成本 = 本期销售商品的数量 \times 单位商品的生产成本 \qquad (3-9)$$

单位商品生产成本的确定，应考虑期初库存的商品成本和本期入库商品的成本情况，可分别采用先进先出法、月末一次加权平均法和个别计价法等来确定。方法一经确定，不得随意变动。

例 40：B 公司期末结转已销甲产品 3100 件、乙产品 2200 件。甲产品实际成本为每件 185 元，乙产品为每件 110 元。需要计算甲乙两种产品的销售成本。甲产品销售成本 573500 元，乙产品销售成本 242000 元。该项经济业务的发生，一方面使企业的销售成本增加 815500 元（573500+242000）；另一方面使企业的库存商品成本减少。因此，该项业务涉及"主营业务成本""库存商品"。商品销售成本的增加是费用成本的增加，应借记"主营业务成本"账户；库存商品成本的减少是资产的减少，应贷记"库存商品"账户。这项经济业务应编制的会计分录如下：

借：主营业务成本—甲产品 573500

主营业务成本—乙产品 242000

贷：库存商品—甲产品 573500

主营业务成本—乙产品 242000

例 41：B 公司期末结转已销原材料的成本 16000 元。该项经济业务的发生，一方面使企业的其他业务成本增加 16000 元，另一方面使企业的库存原材料成本减少。因此，该项业务涉及"其他业务成本""原材料"。材料销售成本的增加是费用成本的增加，应借记"其他业务成本"账户；库存材料成本的减少是资产的减少，应贷记"原材料"账户。这项经济业务应编制的会计分录如下：

借：其他业务成本 16000

贷：原材料 16000

（3）税金及附加的会计核算。企业销售商品持有特定财产或发生特定行为，就应该向国家税务机关缴纳相应的税金及附加，主要反映企业经营主要业务应负担的消费税、城市维护建设税、资源税、教育费附加及房产税、城镇土地使用税、车船税、印花税等，但不包括增值税。由于这些税金及附加大多是在当月计算，而在下个月缴纳的，因此计算税金及附加时，一方面作为企业发生的一项费用支出，另一方面形成企业的一项负债。

例 42：B 公司经计算，本月应缴纳的消费税 5300 元，城建税 3200 元，教育费附加

1200 元。该项经济业务的发生，一方面使企业的税金及附加增加 9700 元，另一方面使企业的应交税费增加。因此，该项业务涉及 "税金及附加" "应交税费" 账户。税金及附加的增加是费用的增加，应借记 "税金及附加" 账户；应交税费的增加是负债的增加，应贷记 "应交税费" 账户。这项经济业务应编制的会计分录如下：

借：税金及附加 9700

贷：应交税费—应交消费税 5300

应交税费—应交城建税 3200

应交税费—应交教育费附加 1200

（4）销售费用的会计核算。企业在销售过程中，为了销售产品，还要发生各种销售费用，包括由企业负担的包装费、运输费、广告费、装卸费、保险费、委托代销手续费、展览费、租赁费和销售服务费、销售部门固定资产折旧费等。按规定，销售费用不作为销售收入的抵减项目，而是作为期间费用直接计入当期损益。

例 43：B 公司以银行存款支付广告费 1600 元，现金支付销售部业务费 420 元。该项经济业务的发生，一方面使企业销售费用增加 2020 元，另一方面使企业银行存款减少。因此该项经济业务涉及 "销售费用" "银行存款" 两个账户。销售费用的增加是费用的增加，应借记 "销售费用" 账户；银行存款的减少是资产的减少，应贷记 "银行存款" 账户。这项经济业务应编制的会计分录如下：

借：销售费用 2020

贷：银行存款 1600

库存现金 420

第四节　利润形成与分配业务的账务处理

一、利润形成业务的账务处理

企业作为一个独立的经济实体，其经营活动的主要目的就是不断提高企业的盈利水平，增强企业的活力能力。利润是一个反映企业获利能力的综合指标，利润水平的高低不仅反映企业的盈利水平，而且还反映企业对整个社会所做贡献的大小，同时还是各有关方面对本企业进行财务预测和投资决策的重要依据。

（一）利润形成业务的内容

利润是企业一定期间内从事经济活动取得的经营成果，是企业全部收入抵扣全部费用后的总成果。收入大于费用支出的差额部分为利润，反之则为亏损。企业各方面的情况，诸如劳动生产率的高低，产品是否适销对路，产品成本和期间费用的节约与否，都会通过利润指标得到综合反映，因此获取利润就成为企业生产经营的主要目的之一。利润分为营业利润、利润总额和净利润。

1. 营业利润

营业利润是企业获得的经营业务范围内的利润。企业在生产经营过程中取得并确认的主营业务收入和其他业务收入，共同构成营业收入；与收入配比的主营业务成本和其他业务成本，共同组成营业成本。期间费用是企业本期发生的不能直接或间接归入某种产品成本的，而应直接计入损益的各项费用，包括销售费用、管理费用和财务费用。期间费用不同于生产费用，生产费用计入产品成本，随产品销售作为产品成本的生产费用和销售收入相配比计入销售当期的损益，而期间费用则在发生当期直接计入当期损益。营业成本、期间费用与营业收入相配比，得到营业利润的主要组成部分。

企业生产经营持有的各项资产，由于各种原因发生减值，如应收账款无法收回导致的坏账损失，企业应按期估计本期可能发生的资产减值损失，计入当期损益。企业的经济活动包含很多项内容，除生产经营以外的日常经营活动，企业也可以进行对外投资等活动，形成相应的投资收益（或投资损失），如企业利用部分资金或其他资产通过直接出资或购买股票、债券等方式，对外投资取得的投资损益。企业按公允价值计价的特定资产或负债，其受公允价值变动影响产生的损益也应计入发生当期的损益。企业按规定出售或处置固定资产、无形资产等非流动资产产生的利得或损失，也应计入当期损益。企业营业利润的计算公式如下：

营业利润 = 营业收入 － 营业成本 － 税金及附加 － 销售费用 － 管理费用 － 财务费用 －

研发费用 － 资产减值损失 － 信用减值损失 ±公允价值变动损益 ±

投资损益 ±资产处置损益　　　　　　　　　　　　（3 － 10）

2. 利润总额

利润总额是指税前会计利润。企业发生的除营业利润以外的收益作为营业外收入，增加企业的利润总额。营业外收入主要包括接受捐赠的利得、债务重组利得、罚款利得等，是企业的一种纯收入，不需要也不可能与有关费用进行配比。事实上，企业为此并没有付出代价，因此在会计核算中，应严格区分营业外收入与营业收入。

企业发生的除营业利润以外的支出作为营业外支出，减少企业的利润总额。营业外支出主要包括固定资产盘亏支出、非常损失、债务重组损失、公益性捐赠支出、罚款支出等。营业外收入与营业外支出应当分别核算，不能以营业外支出直接冲减营业外收入。企业利润总额的计算公式如下：

$$利润总额 = 营业利润 + 营业外收入 - 营业外支出 \qquad (3-11)$$

3. 净利润

净利润是指扣除所得税之后的利润。利润总额计算出来之后，形成了企业在一定会计期间的所得，针对这个所得，要按照税法的规定计算缴纳所得税费用。企业净利润的计算公式如下：

$$净利润 = 利润总额 - 所得税费用 \qquad (3-12)$$

(二) 利润形成业务的核算

1. 利润形成业务核算的账户

(1) "本年利润"账户。"本年利润"账户用来核算企业实现的净利润或发生的净亏损。账户性质为所有者权益类账户。账户结构为贷方登记期末从损益类账户转入的利润增加项目的金额，如主营业务收入、投资收益、营业外收入等；借方登记期末从损益类账户转入的利润减少项目的金额，如主营业务成本、管理费用、营业外支出等。结转后账户的贷方余额为当期实现的净利润，借方余额为当期发生的净亏损。年度终了，将本年实现的净利润，从"本年利润"账户的借方结转至"利润分配"账户。年末结转后，该账户没有余额。

(2) "资产减值损失"账户。"资产减值损失"账户性质为损益类账户。账户结构为借方登记计提的各项资产减值损失；贷方登记原已计提的减值准备范围内，资产价值恢复增加的金额。注意，部分资产减值一经计提不得转回。期末将该账户余额结转至本年利润账户，结转后，该账户没有余额。"资产减值损失"账户一般按资产减值损失的项目设置明细账户，进行明细分类核算。

(3) "信用减值损失"账户。"信用减值损失"账户核算企业金融资产计提减值准备所形成的预期信用损失。账户性质为损益类账户。账户结构为借方登记计提的各项金融资产减值损失，贷方登记减值恢复的金额。信用减值损失与资产减值损失反映的情况一致，只是对应的事项不同。应收账款等金融资产减值对应"信用减值损失"账户，存货和固定资产等资产对应"资产减值损失"账户。

（4）"坏账准备"账户。"坏账准备"账户核算企业应收款项的坏账准备。账户性质为资产类账户，是"应收账款"的备抵账户。账户结构为贷方登记按照规定估计的应收款项发生减值的金额；借方登记已确认减值的恢复金额。期末贷方余额反映企业已计提的坏账准备。"坏账准备"账户一般按应收款项的类别设置明细账户，进行明细分类核算。

（5）"投资收益"账户。"投资收益"账户核算企业对外投资所获得收益的实现或损失的发生及其结转情况。账户性质为损益类账户。账户结构为贷方登记实现的投资收益和期末转入"本年利润"账户的投资净损失；借方登记发生的投资损失和期末转入"本年利润"账户的投资净收益。期末结转后，该账户没有余额。"投资收益"账户一般按照投资的种类设置明细账户，进行明细分类核算。

（6）"公允价值变动损益"账户。"公允价值的运用必然会对企业的会计核算产生深远影响。"① "公允价值变动损益"账户核算企业以公允价值计量的资产，由于公允价值变动形成的，应计入当期损益的利得或损失。账户性质为损益类账户。账户结构为贷方登记确认的公允价值变动收益，借方登记确认的公允价值变动损失。期末将该账户余额结转至"本年利润"账户，结转后，该账户没有余额。"公允价值变动损益"账户一般按特定的资产或负债项目设置明细账户，进行明细分类核算。

（7）"营业外收入"账户。"营业外收入"账户核算企业发生的除营业利润以外的利得，主要包括与企业日常活动无关的政府补助、盘盈利得、捐赠利得等。账户性质为损益类账户。账户结构为贷方登记营业外收入的实现，即营业外收入的增加；借方登记期末转入"本年利润"账户的营业外收入额。该账户期末结转后，没有余额。"营业外收入"账户一般按照收入的具体项目设置明细账户进行明细分类核算。

（8）"营业外支出"账户。"营业外支出"账户核算企业发生的除营业利润以外的支出，主要包括公益性捐赠支出、非常损失、盘亏损失、非流动资产毁损、报废损失等。账户性质为损益类账户。账户结构为借方登记营业外支出的发生，即营业外支出的增加；贷方登记期末转入"本年利润"账户的营业外支出额。该账户期末结转后，没有余额。"营业外支出"账户一般按照支出的具体项目设置明细账户，进行明细分类核算。

（9）"所得税费用"账户。该账户核算企业按照有关规定应在当期损益中扣除的所得税费用的计算及结转情况。账户性质为损益类账户。账户结构为借方登记按照应纳税所得额计算出的所得税费用额；贷方登记期末转入"本年利润"账户的所得税费用额。该账户期末结转后，没有余额。

---

① 王志宏. 公允价值的引入对企业核算的影响 [J]. 会计之友，2007（35）：33.

2. 利润形成业务核算的处理

（1）各损益类账户的核算。企业利润的形成，除主营业务利润外，还有其他业务利润、投资收益、营业外收入、营业外支出等。因此理解损益类账户的具体核算，是进行利润形成核算的基础。

例44： B公司收到国债利息收入20000元，已存入银行。该项经济业务的发生，一方面使企业的银行存款增加，另一方面使企业对外投资的收益增加。因此，该业务涉及"银行存款"和"投资收益"两个账户。银行存款的增加是资产的增加，应借记"银行存款"账户；投资收益的增加是企业收入的增加，应贷记"投资收益"账户。这项经济业务应编制的会计分录如下：

借：银行存款 20000

贷：投资收益 20000

例45： B公司因违反有关环保条例，按规定支付4000元罚款，已用银行存款支付完成。企业的罚款支出属于营业外支出。该项经济业务的发生，一方面使企业的银行存款减少，另一方面使企业的营业外支出增加。因此，该业务涉及"银行存款"和"营业外支出"两个账户。营业外支出的增加是企业费用支出的增加，应借记"营业外支出"账户；银行存款的减少是资产的减少，应贷记"银行存款"账户。这项经济业务应编制的会计分录如下：

借：营业外支出 4000

贷：银行存款 4000

例46： B公司收到对方单位的违约金10000元，存入银行。企业的违约金收入属于营业外收入。该项经济业务的发生，一方面使企业的银行存款增加，另一方面使企业的营业外收入增加。因此，该业务涉及"银行存款"和"营业外收入"两个账户。银行存款的增加是资产的增加，应借记"银行存款"账户；营业外收入的增加是企业收入的增加，应贷记"营业外收入"账户。这项经济业务应编制的会计分录如下：

借：银行存款 10000

贷：营业外收入 10000

例47： B公司持有的10000股股票（作为交易性金融资产核算），12月31日每股市价上涨3元。持有是为了交易的有价证券属于以公允价值计量且其变动计入当期损益的金融资产，计入"交易性金融资产"账户。这一类金融资产，应在期末（资产负债表日）按最新的公允价值调整其账面价值，将差额确定为公允价值变动损益。该项经济业务的发生，一方面使企业的有价证券价值增加，另一方面形成金融资产相关的公允价值变动收益。因此，该业务涉及"交易性金融资产"和"公允价值变动损益"两个账户。交易性金融资产价值的增加是资产的增加，应借记"交易性金融资产"账户；公允价值变动收益的增加是企业收入的增加，应贷记"公允价值变动损益"账户。这项经济业务应编制的会计分录如下：

借：交易性金融资产 30000

贷：公允价值变动损益 30000

例 48：12 月 31 日，B 公司根据应收账款的余额计提坏账准备 26000 元。坏账准备是应收账款的备抵账户，计提坏账准备实质上是确认应收账款的减值损失，使应收账款账面价值减少，那么该项业务的发生，使企业的坏账准备和减值损失同时增加。由于应收账款等金融资产减值损失属于信用减值损失，因此该项业务涉及"坏账准备"和"信用减值损失"两个账户。减值损失的增加是企业费用的增加，应借记"信用减值损失"；坏账准备的增加是企业资产备抵账户的增加，应贷记"坏账准备"账户。这项经济业务应编制的会计分录如下：

借：信用减值损失 26000

贷：坏账准备 26000

资产减值损失的核算与信用减值的损失类似，常见于存货、固定资产、无形资产等资产的减值。

（2）利润形成的核算。期末，企业对各损益类账户进行结转，结转各项收入、收益，即结转收入类账户记入"本年利润"账户贷方；同时结转各项成本、费用、支出，即结转费用类账户记入"本年利润"借方。经过初步结转，全部收支反映到"本年利润"账户中，得出企业利润总额。须根据"本年利润"账户形成的利润总额计算企业所得税费用，结转所得税费用至"本年利润"账户，计算出本期净利润。经过结转后，各损益类账户期末均无余额。

例 49：B 公司 2020 年 12 月末，有关损益类账户的余额，如表 3-7 所示。将损益类账户的发生额进行结转，计算企业本期的利润总额。

表 3-7 B 公司损益类账户期末余额表　　　　　　　　　　　　　　　　单位：元

账户名称	借方余额	贷方余额
主营业务收入		3200000
投资收益		20000
公允价值变动损益		30000

账户名称	借方余额	贷方余额
营业外收入		10000
主营业务成本	1000000	
税金及附加	70000	
销售费用	30000	
管理费用	220000	
财务费用	40000	
信用减值损失	26000	
营业外支出	4000	

将本期所发生的各项收入，结转至"本年利润"账户。该项经济业务的发生，一方面，使公司的有关损益类账户所记录的各种收入减少了；另一方面，使公司的利润增加。因此，该业务涉及"主营业务收入""投资收益""公允价值变动损益""营业外收入""本年利润"共五个账户。各项收入的结转是收入的减少，应借记"主营业务收入""投资收益""公允价值变动损益""营业外收入"四个账户，以上损益类账户的发生额在贷方，要通过借方结转至"本年利润"；收入的转入使企业利润增加，利润增加使企业所有者权益增加，应贷记"本年利润"账户。这项经济业务应编制的会计分录如下：

借：主营业务收入 3200000

　　投资收益 20000

　　公允价值变动损益 30000

　　营业外收入 10000

贷：本年利润 3260000

将本期发生的各项费用，结转至"本年利润"账户。该项经济业务的发生，一方面，需要将记录在有关损益类账户中的各项费用予以转销，另一方面，结转费用会使公司的利润减少，因此该业务涉及"本年利润""主营业务成本""税金及附加""销售费用""管理费用""财务费用""信用减值损失""营业外支出"八个账户。各项支出发生额的结转是企业费用支出的减少，应贷记"主营业务成本""税金及附加""销售费用""管理费用""财务费用""信用减值损失""营业外支出"七个账户。换言之，以上损益类账户的发生额在借方，应通过贷方结转至"本年利润账户"；费用的转入使利润减少，利润的减少是所有者权益的减少，应借记"本年利润"账户。这项经济业务应编制的会计分录如下：

借：本年利润 1390000

　　贷：主营业务成本 1000000

　　　　税金及附加 70000

　　　　销售费用 30000

　　　　管理费用 220000

　　　　财务费用 40000

　　　　信用减值损失 26000

　　　　营业外支出 4000

利润总额 = 3260000 - 1390000 = 1870000（元）

例 50：B 公司按本年实现利润的 25% 计算应交所得税（假定不考虑纳税调整因素）。B 公司本期计算出的所得税费用为 467500 元（1870000×25%）。该项经济业务的发生，一方面使企业的所得税费用增加，另一方面使企业的应交税费增加。因此该项业务涉及"所得税费用""应交税费—应交所得税"两个账户。所得税费用的增加是企业费用支出的增加，应借记"所得税费用"账户；应交税费的增加是企业负债的增加，应贷记"应交税费—应交所得税"账户。这项经济业务应编制的会计分录如下：

借：所得税费用 467500

　　贷：应交税费—应交所得税 467500

例 51：B 公司将本年发生的所得税费用结转到"本年利润"账户。该项经济业务的发生，一方面使企业的所得税费用减少，另一方面使企业的利润额减少。因此该项业务涉及"所得税费用""本年利润"两个账户。利润的减少是企业所有者权益的减少，应借记"本年利润"账户；所得税费用的减少是企业费用支出的减少，应贷记"所得税费用"账户。换言之，损益类账户借方有发生额，应从贷方结转至"本年利润"账户。这项经济业务应编制的会计分录如下：

借：本年利润 467500

　　贷：所得税费用 467500

二、利润分配业务的账务处理

（一）利润分配业务的内容

投资者投入企业的资金作为股本或实收资本，参与企业的生产经营活动，企业在生产经营活动过程中取得的各种收入补偿了各项消耗之后形成盈利，按照国家规定交纳所得税费用，形成企业的净利润，即税后利润，对税后利润需要按照规定在各有关方面进行合理的分配。

企业净利润分配的去向主要有以利润的形式分配给投资者，作为投资者对企业投资的回报；以公积金的形式留给企业，用于企业扩大生产经营；以未分配利润的形式留存于企业，以备将来分配之用。利润分配的过程与结果，关系到所有者的合法权益能否得到保护，企业能否长期稳定发展的重要问题，为此企业必须加强利润分配的管理和核算。根据规定，企业当年实现的净利润，首先应弥补以前年度尚未弥补的亏损，对剩余部分应按照下列顺序进行分配。

第一，提取法定盈余公积。按照公司法有关规定，公司制企业应按净利润的10%提取法定盈余公积；非公司制企业可以自行确定法定盈余公积提取比例，但不得低于10%。企业提取的法定盈余公积金累计额，超过注册资本50%的，可以不再提取。

第二，提取任意盈余公积。企业提取法定盈余公积后，经股东大会或类似权力机构决议，还可以按照净利润的一定比例提取任意盈余公积金。

第三，向投资者分配利润或股利。企业实现的净利润在扣除上述项目后，再加上年初未分配利润和其他转入数（公积金弥补的亏损等），形成可供投资者分配的利润，按顺序分配。

未分配利润是企业留待以后年度进行分配的利润或等待分配的利润，是所有者权益的一个重要组成部分，相对于所有者权益的其他部分来说，企业对未分配利润的使用具有较大的自主权。

（二）利润分配业务的核算

1. 利润分配业务核算的账户

（1）"利润分配"账户。核算企业一定时期净利润的分配或亏损的弥补，以及历年分配或弥补后的结存余额（未分配的利润或未弥补的亏损）情况。账户性质为所有者权益类账户。账户结构为借方登记从"本年利润"账户转入的年度净亏损，以及按规定提取的盈余公积，向投资者分配的利润或股利等；贷方登记从"本年利润"账户转入的年度净利润，以及用盈余公积弥补亏损的金额。期末借方余额表示累计未弥补的亏损，贷方余额表示累计未分配的利润。"利润分配"账户一般按照利润分配项目设置明细账户，进行明细账核算。

"利润分配"账户的明细账户包括"提取法定盈余公积""提取任意盈余公积""盈余公积补亏""应付现金股利或利润""未分配利润"等。年末，应将"利润分配"账户下的其他明细账户的余额转入"未分配利润"明细账户，经过结转后，除"未分配利润"明细账户有余额外，其他各个明细账户均无余额。

（2）"盈余公积"账户。"盈余公积"账户核算企业从税后利润中提取的盈余公积金，包括法定盈余公积、任意盈余公积的增减变动及其结余情况。账户性质为所有者权益类账户。账户结构为贷方登记提取的盈余公积，即盈余公积金的增加；借方登记实际使用的盈余公积，即盈余公积金的减少。期末余额在贷方，反映企业盈余公积的余额。"盈余公积"账户按"法定盈余公积""任意盈余公积"设置明细账户进行明细分类核算。

（3）"应付股利"账户。"应付股利"账户核算企业按照股东大会或类似权力机构决议分配给投资者股利（现金股利）或利润的增减变动及其结余情况。账户性质为负债类账户。账户结构为贷方登记应付给投资人股利（现金股利）或利润的增加；借方登记实际支付给投资人的股利（现金股利）或利润，即应付股利的减少。期末余额在贷方，反映企业尚未支付的股利（现金股利）或利润。"应付股利"账户一般按照股东或投资者的名称设置明细账户，进行明细账核算。

2. 利润分配业务核算的处理

利润分配的核算内容比较复杂，政策性较强。此处仅介绍利润分配中的提取盈余公积和向投资者分配利润的核算内容。在利润形成过程中，企业通过"本年利润"账户反映企业一定时期实现的净利润数据，但如果继续通过该账户进行利润分配的核算，则需要在"本年利润"账户借方登记，此时"本年利润"账户贷方余额只能表示实现的利润额减去分配利润额后的差额，即未分配的利润额，而不能提供本年累计实现的净利润额，但同时累计净利润指标是企业管理上非常重要的指标。

为了使"本年利润"充分反映与企业一定时期的累计净利润，需要一个账户提供企业利润分配情况以及未分配利润数据，在会计核算中设置了"利润分配"账户，用以提供企业利润分配情况。利润分配业务核算第一步，需要将"本年利润"账户中本期的净利润结转至"利润分配"账户，再进行下一步提取盈余公积以及分配股利或利润的业务核算。

例 52：承接例 49、例 51，B 公司将本年实现的利润结转到"利润分配"账户。

$$净利润 = 1870000 - 467500 = 1402500 （元）$$

该项经济业务的发生，将"本年利润"账户中的净利润结转至"利润分配—未分配利润"账户中，两个账户均为所有者权益类账户。本年利润转出，应借记"本年利润"账户；利润分配账户转入额，使未分配利润增加，应贷记"利润分配"账户。这项经济业务应编制的会计分录如下：

借：本年利润 1402500

贷：利润分配—未分配利润 1402500

例53：B 公司经股东大会批准，按净利润的 10% 提取法定盈余公积。根据例 52 可知，B 公司本年实现的净利润为 1402500 元，因而提取的法定盈余公积金为 140250 元。企业提取盈余公积金业务的发生，一方面使公司的已分配的利润额增加，另一方面使公司的盈余公积金增加。因此，该项业务涉及"利润分配"和"盈余公积"两个账户。已分配利润额的增加使所有者权益减少，应借记"利润分配"账户，盈余公积金的增加是所有者权益的增加，应贷记"盈余公积"账户。这项经济业务应编制的会计分录如下：

借：利润分配—提取法定盈余公积 140250

贷：盈余公积 140250

例54：B 公司经股东大会决议，分配给股东的现金股利为 70000 元。这项经济业务的发生，一方面使公司已分配的利润额增加 70000 元；另一方面现金股利已经决议分配给股东，但在分配的当时并不实际支付，所以形成公司的一项负债。因此该业务涉及"利润分配"和"应付股利"两个账户。已分配利润的增加是所有者权益的减少，应借记"利润分配"账户；应付未付股利的增加是负债的增加，应贷记"应付股利"账户。这项经济业务应编制的会计分录如下：

借：利润分配—应付现金股利 70000

贷：应付股利 70000

例55：B 公司在会计期末，结清利润分配账户所属的各有关明细账户。通过例 53、例 54、例 55 有关经济业务的处理，可以确定 B 公司"利润分配"账户所属有关明细账户的记录分别为："提取法定盈余公积"明细账户余额为 140250 元；"应付现金股利"的明细账户余额为 70000 元。结清时，应将各明细账户的余额从其相反方向分别转入"未分配利润"明细账户。也就是借方的余额从贷方结转，贷方的余额从借方结转。这项经济业务应编制的会计分录如下：

借：利润分配—未分配利润 210250

贷：利润分配—提取盈余公积 140250

利润分配—应付现金股利 70000

经过结转，利润分配—未分配利润账户有贷方余额 1192250 元（1402500-210250）。

第四章　账务处理程序与财务报表

第一节　账务处理程序分析

一、账务处理程序的意义

账务处理程序又称会计核算组织程序或会计核算形式，是指会计凭证、会计账簿、财务报表相结合的方式，包括账簿组织和记账程序。账簿组织是指会计凭证和会计账簿的种类、格式，会计凭证与账簿之间的联系方法。记账程序是指由填制、审核原始凭证到填制、审核记账凭证，登记日记账、明细分类账和总分类账，编制财务报表的工作程序和方法等。具体地说，账务处理程序就是通过凭证、账簿、报表组织体系，按照一定的步骤或程序将三者有机结合起来，最终产生并提供有用的会计信息的过程。科学、合理地选择账务处理程序的意义主要有以下三个方面。

第一，有利于规范会计工作，保证会计信息加工过程的严密性，提高会计信息质量。

第二，有利于保证会计记录的完整性和正确性，增强会计信息的可靠性。

第三，有利于减少不必要的会计核算环节，提高会计工作效率，保证会计信息的及时性。

二、账务处理程序的种类

企业常用的账务处理程序主要有记账凭证账务处理程序、汇总记账凭证账务处理程序和科目汇总表账务处理程序等。

（一）记账凭证账务处理程序

记账凭证账务处理程序是指对发生的经济业务，先根据原始凭证或汇总原始凭证填制记账凭证，再直接根据记账凭证登记总分类账的一种账务处理程序。

1. 记账凭证的编制

在记账凭证账务处理程序下，记账凭证可以采用收款凭证、付款凭证和转账凭证等专用记账凭证，也可以采用通用记账凭证。账簿一般应设置库存现金日记账、银行存款日记账、明细分类账和总分类账。其中，现金日记账、银行存款日记账和总分类账可采用三栏式；明细分类账的具体账页格式可根据业务特点和管理需要设置，一般可采用三栏式、多栏式和数量金额式等。

2. 记账凭证账务处理的步骤

（1）根据原始凭证填制汇总原始凭证。

（2）根据原始凭证或汇总原始凭证填制收款凭证、付款凭证和转账凭证，也可以填制通用记账凭证。

（3）根据收款凭证和付款凭证逐笔登记库存现金日记账和银行存款日记账。

（4）根据原始凭证、汇总原始凭证和记账凭证登记各种明细分类账。

（5）根据记账凭证逐笔登记总分类账。

（6）期末，将库存现金日记账、银行存款日记账和明细分类账的余额与有关总分类账的余额核对相符。

（7）期末，根据总分类账和明细分类账的记录编制财务报表。

3. 记账凭证账务处理的内容

（1）特点。记账凭证账务处理程序的特点是直接根据记账凭证逐笔登记总分类账。记账凭证账务处理程序是最基本的账务处理程序，其他各种账务处理程序基本上是在这种账务处理程序上发展和演变而形成的。

（2）优缺点。记账凭证账务处理程序的优点是简单明了，易于理解，可以较详细地反映经济业务的发生情况；缺点是登记总分类账的工作量较大。

（3）适用范围。记账凭证账务处理程序适用于规模较小、经济业务量较少的单位。

（二）汇总记账凭证账务处理程序

汇总记账凭证账务处理程序是指先根据原始凭证或汇总原始凭证填制记账凭证，定期根据记账凭证分类编制汇总收款凭证、汇总付款凭证和汇总转账凭证，再根据汇总记账凭证登记总分类账的一种账务处理程序。

1. 汇总记账凭证的编制

汇总记账凭证是指对一段时期内同类记账凭证进行定期汇总而编制的记账凭证。汇总记账凭证可以分为汇总收款凭证、汇总付款凭证和汇总转账凭证，三种凭证有不同的编制方法。

（1）汇总收款凭证的编制。汇总收款凭证根据"库存现金"和"银行存款"账户的借方进行编制。汇总收款凭证是在对各账户对应的贷方分类之后进行汇总编制。总分类账根据各汇总收款凭证的合计数进行登记，分别记入"库存现金""银行存款"总分类账户的借方，并将汇总收款凭证上各账户贷方的合计数分别记入有关总分类账户的贷方。

（2）汇总付款凭证的编制。汇总付款凭证根据"库存现金"和"银行存款"账户的贷方进行编制。汇总付款凭证是在对各账户对应的借方分类之后进行汇总编制。总分类账根据各汇总付款凭证的合计数进行登记，分别记入"库存现金""银行存款"总分类账户的贷方，并将汇总付款凭证上各账户借方的合计数分别记入有关总分类账户的借方。

（3）汇总转账凭证的编制。汇总转账凭证通常根据所设置账户的贷方进行编制。汇总转账凭证是在对所设置账户相对应的借方账户分类之后进行汇总编制。总分类账根据各汇总转账凭证的合计数进行登记，分别记入对应账户的总分类账户的贷方，并将汇总转账凭证上各账户借方的合计数分别记入有关总分类账户的借方。值得注意的是，在编制的过程中贷方账户必须唯一，借方账户可一个或多个，即转账凭证必须一借一贷或多借一贷。

如果在一个月内某一贷方账户的转账凭证不多，可不编制汇总转账凭证，直接根据单个的转账凭证登记总分类账。

2. 汇总记账凭证账务处理的步骤

汇总记账凭证账务处理程序的一般步骤如下。

（1）根据原始凭证填制汇总原始凭证。

（2）根据原始凭证或汇总原始凭证填制收款凭证、付款凭证和转账凭证，也可以填制通用记账凭证。

（3）根据收款凭证、付款凭证逐笔登记库存现金日记账和银行存款日记账。

（4）根据原始凭证、汇总原始凭证和记账凭证登记各种明细分类账。

（5）根据各种记账凭证编制有关汇总记账凭证。

（6）根据各种汇总记账凭证登记总分类账。

（7）期末，将库存现金日记账、银行存款日记账和明细分类账的余额与有关总分类账的余额核对相符。

（8）期末，根据总分类账和明细分类账的记录编制财务报表。

3. 汇总记账凭证账务处理的内容

（1）特点。汇总记账凭证账务处理程序的特点是先根据记账凭证编制汇总记账凭证，再根据汇总记账凭证登记总分类账。

（2）优缺点。汇总记账凭证账务处理程序的优点是减轻了登记总分类账的工作量；缺点是当转账凭证较多时，编制汇总转账凭证的工作量较大，并且按每一贷方账户编制汇总转账凭证，不利于会计核算的日常分工。

（3）适用范围。汇总记账凭证账务处理程序适用于规模较大、经济业务较多的单位。

（三）科目汇总表账务处理程序

科目汇总表又称记账凭证汇总表，是企业定期对全部记账凭证进行汇总后，按照不同的会计科目分别列示各账户借方发生额和贷方发生额的一种汇总凭证。

1. 科目汇总表的编制

科目汇总表的编制方法是将一定时期内的全部记账凭证按照相同的科目归类，汇总计算出每一总账科目的本期借方发生额和贷方发生额合计数，填入表内，全部科目的借方发生额合计数应等于贷方发生额合计数。根据科目汇总表登记总分类账时，只须将该表中汇总起来的各科目的本期借、贷方发生额的合计数分次或月末一次记入相应总分类账的借方或贷方即可。

2. 科目汇总表账务处理的步骤

科目汇总表账务处理程序的一般步骤如下。

（1）根据原始凭证填制汇总原始凭证。

（2）根据原始凭证或汇总原始凭证填制记账凭证。

（3）根据收款凭证、付款凭证逐笔登记库存现金日记账和银行存款日记账。

（4）根据原始凭证、汇总原始凭证和记账凭证登记各种明细分类账。

（5）根据各种记账凭证编制科目汇总表。

（6）根据科目汇总表登记总分类账。

（7）期末，将库存现金日记账、银行存款日记账和明细分类账的余额同有关总分类账的余额核对相符。

（8）期末，根据总分类账和明细分类账的记录编制财务报表。

3. 科目汇总表账务处理的内容

（1）特点。科目汇总表账务处理程序的特点是先将所有记账凭证汇总编制成科目汇总表，然后以科目汇总表为依据登记总分类账。

（2）优缺点。科目汇总表账务处理程序的优点是减轻了登记总分类账的工作量，易于理解，方便学习，并可做到试算平衡；缺点是科目汇总表不能反映各个账户之间的对应关系，不利于对账目进行检查。

（3）适用范围。科目汇总表账务处理程序适用于经济业务多的单位。

第二节　财产清查及账务处理

财产清查是指通过对货币资金、实物资产和往来款项等财产物资进行盘点或核对，确定其实存数，查明账存数与实存数是否相符的一种专门方法。其中，货币资金包括库存现金、银行存款及其他货币资金；实物资产包括原材料、在产品、半成品、产成品、周转材料（低值易耗品、包装物）、委托外单位加工或保管的实物资产等存货和固定资产等；往来款项主要包括应收、应付款和暂收、暂付款等。

一、财产清查的根本原因

实际工作中，企业财产物资的账存数与实存数常常出现不符的状况，这就是财产清查的原因。致使账实不符的情况，一般可归纳为以下七个方面。

第一，各项财产物资在收发过程中，计量、检验等不准确而造成品种、数量或质量上的差错，从而使账簿发生错记、漏记或重记等情况。

第二，各项财产物资在保管过程中，由于其物理化学性质等方面的原因，在数量上发生了自然增减变化。

第三，在财产增减变动中，手续不齐或计算、登记上发生错误。

第四，管理不善或工作人员失职，造成财产损失、变质或短缺等。

第五，不法分子营私舞弊、贪污盗窃等造成财产损失。

第六，自然灾害等造成非常损失。

第七，未达账项引起账账、账实不符等。

二、财产清查的重要意义

企业应当建立健全财产物资清查制度，加强管理，以保证财产物资核算的真实性和完整性。具体而言，财产清查的意义主要包括以下三个方面。

第一，保证账实相符，提高会计资料的准确性。通过财产清查，可以查明各项财产物资的实有数量，确定实有数量与账面数量之间的差异，查明原因，分清责任，以便采取有效措施，消除差异，改进工作，从而保证账实相符，提高会计资料的准确性。

第二，切实保障各项财产物资的安全完整。通过财产清查，可以查明各项财产物资的保管情况是否良好，有无因管理不善，造成霉烂、变质、损失浪费，或者被非法挪用、贪污、盗窃的情况，查明原因，分清责任，以便采取有效措施，改善管理，切实保障各项财产物资的安全完整。

第三，加速资金周转，提高资金使用效益。通过财产清查，可以查明各项财产物资的库存和利用情况，以便采取措施，对储备不足的财产物资及时设法补充，保持合理的储备，以满足生产经营活动的需要；对积压、呆滞和不配套的财产物资及时进行处理，充分利用各项财产物资，加速资金周转，提高资金使用效果。

三、财产清查的类别划分

（一）依据清查范围进行划分

1. 全面清查

全面清查是指对所有的财产进行全面的盘点和核对。全面清查的对象包括固定资产、存货、库存现金、银行存款、往来结算款、缴拨款等。由于全面清查具有内容多、范围广、工作量大等特点，不可能经常进行，一般只在下列情况下进行。

（1）在年终决算之前。

（2）企业关停并转或改变隶属关系前。

（3）中外合资、国内合资前。

（4）企业股份制改制前。

（5）开展全面的资产评估、清产核资前。

（6）单位主要负责人调离工作前。

2. 局部清查

局部清查是指根据需要只对部分财产进行盘点和核对，其特点是清查的范围小、工作量小、清查时间短、涉及人员少。局部清查一般在下列情况下进行。

（1）库存现金，应每日清点一次。

（2）银行存款，每月至少应与银行核对一次。

（3）贵重物品，每月都要进行清查，以防止丢失、损失或被盗窃。

（4）各种债权、债务每年至少核对一至两次。

（5）其他各项存货，年内应有计划、有重点地抽查。

（二）依据清查的时间进行划分

1. 定期清查

定期清查是指按照预先计划安排的时间对财产进行的盘点和核对。定期清查一般在年末、季末、月末进行。定期清查可以是全面清查，也可以是局部清查。

2. 不定期清查

不定期清查是指事前不规定清查日期，而是根据特殊需要临时进行的盘点和核对。不定期清查一般在下列情况下进行。

（1）更换财产物资保管和出纳人员时。

（2）发生自然灾害和意外损失时。

（3）配合上级主管、财政、税收、审计和银行等部门对本单位进行会计检查或审计时。

（4）单位撤销、合并或改变隶属关系时。

（5）按规定进行临时性资产评估和清产核资时。

不定期清查可以是全面清查，也可以是局部清查，应根据实际需要来确定清查的对象和范围。

（三）依据清查的执行系统进行划分

1. 内部清查

内部清查是指由本单位内部自行组织清查工作小组所进行的财产清查工作。大多数财产清查都是内部清查。

2. 外部清查

外部清查是指由上级主管部门、审计机关、司法部门、注册会计师根据国家有关规定或情况需要对本单位所进行的财产清查。一般来讲，进行外部清查时应有本单位相关人员参加。

四、财产清查的主要程序

财产清查既是会计核算的一种专门方法，也是财产物资管理的一项重要制度。企业必须有计划、有组织地进行财产清查。财产清查一般包括以下程序。

第一，建立财产清查组织。

第二，组织清查人员学习有关政策规定，掌握有关法律、法规和相关业务知识，以提高财产清查工作的质量。

第三，确定清查对象、范围，明确清查任务。

第四，制定清查方案，具体安排清查内容、时间、步骤、方法，以及必要的清查前准备。

第五，清查时本着先清查数量、核对有关账簿记录等，后认定质量的原则进行。

第六，填制盘存清单。

第七，根据盘存清单，填制实物、往来款项清查结果报告表。

五、财产清查的不同方法

由于货币资金、实物、往来款项的特点各有不同，在进行财产清查时，应采用与其特点和管理要求相适应的方法。

(一) 货币资金的清查方法

货币资金的清查就是对库存现金、银行存款和其他货币资金的清查。

1. 库存现金的清查

库存现金采用实地盘点的方法来确定库存现金的实存数，然后再与现金日记账的账面余额核对，以查明账实是否相符。

现金收支业务繁杂，容易出错，所以每日业务终了，出纳人员应将库存现金日记账的账面余额与现金的实存数进行核对，做到账实相符。同时，还应成立清查小组，对库存现金进行定期或不定期清查。在清查小组盘点时，出纳人员必须在场，现金应逐张清点。清查人员还应认真审核现金收付凭证和有关账簿，检查账务处理是否合理合法，账簿记录有无错误，以确定账存与实存是否相符等。

2. 银行存款的清查

银行存款的清查是采用与开户银行核对账目的方法进行的，即将本单位银行存款日记账的账簿记录与开户银行转来的对账单逐笔核对，来查明银行存款的实有数额。银行存款的清查一般在月末进行。

（1）银行存款日记账与银行对账单不一致的原因。将截止到清查日所有银行存款的收付业务都登记入账后，对发生的错账、漏账应及时查清更正，再与银行的对账单逐笔核对。如果二者余额相符，通常说明没有错误；如果二者余额不相符，则可能是企业或银行一方或双方在记账过程中有错误或者存在未达账项。

未达账项是指企业和银行之间由于结算凭证的来往传递，使某些收付款项在一方已经登记入账，而另一方尚未收到有关凭证或通知而未能入账的款项。概括说来，未达账项有两大类型：一是企业已经入账而银行尚未入账的款项；二是银行已经入账而企业尚未入账的款项。具体来讲，未达账项一般分为以下四种情况。

第一，企业已收款记账，银行未收款未记账的款项。例如，企业在月底将销货收到的转账支票送交银行，并相应增加了银行存款，但银行由于没有办妥手续，尚未记入企业的存款账户内。

第二，企业已付款记账，银行未付款未记账的款项。例如，对企业开出的支票，企业已做了银行存款减少的账务处理，而收款单位尚未持支票到银行办理手续，以至于银行没有减少企业的银行存款。

第三，银行已收款记账，企业未收款未记账的款项。例如，银行根据托收凭证划款通知，已将收入的款项登入了企业的存款账户，但托收凭证尚未送达企业，企业未能记入银行存款账户。

第四，银行已付款记账，企业未付款未记账的款项。例如，银行向企业结算的借款利息或收取的其他结算费用，银行已直接从企业存款账户中减去，企业在没有接到通知时则没有减少银行存款账户。

上述任何一种未达账项的存在，都会使企业银行存款日记账的余额与银行开出的对账单的余额不符。所以，在与银行对账时首先应查明是否存在未达账项，如果存在未达账项，就应该编制"银行存款余额调节表"，据以调节双方的账面余额，确定企业银行存款实有数。

（2）银行存款清查的步骤。银行存款的清查按以下四个步骤进行。

第一，将本单位银行存款日记账与银行对账单，以结算凭证的种类、号码和金额为依据，逐日逐笔核对。凡双方都有记录的，用铅笔在金额旁打上记号"√"。

第二，找出未达账项（即银行存款日记账和银行对账单中没有打"√"的款项）。

第三，将日记账和对账单的月末余额及找出的未达账项填入"银行存款余额调节表"，并计算出调整后的余额。

第四，将调整平衡的"银行存款余额调节表"，经主管会计签章后，呈报开户银行。

凡有多个银行户头以及开设有外币存款户头的单位，应分别按存款户头开设"银行存款日记账"。每月月底，应分别将各户头的"银行存款日记账"与各户头的"银行对账单"核对，并分别编制各户头的"银行存款余额调节表"。

银行存款余额调节表的编制，是以双方账面余额为基础，各自分别加上对方已收款入账而己方尚未入账的数额，减去对方已付款入账而己方尚未入账的数额。

（3）银行存款余额调节表的作用。

第一，银行存款余额调节表是一种对账记录或对账工具。它只起到对账作用，不能作为调整账面记录的依据，即不能根据银行存款余额调节表中的未达账项来调整银行存款账面记录。银行存款日记账的登记，必须待收到有关原始凭证后再进行。

第二，调节后的余额如果相等，通常说明企业和银行的账面记录一般没有错误，该余额通常为企业可以动用的银行存款实有数。

第三，调节后的余额如果不相等，通常说明一方或双方记账有误，须进一步追查，查明原因后予以更正和处理。

（二）实物资产的清查方法

实物资产的清查主要包括存货（如原材料、在产品、自制半成品、库存商品、低值易耗品等）和固定资产的清查。由于实物资产具有种类繁多、数量大、堆积方式多样等特点，因此，在进行清查时往往要针对不同的清查对象选用不同的清查方法。实物资产的清查方法主要有以下两个方面。

1. 实地盘点法

实地盘点法是指在财产物资存放现场逐一清点数量或用计量仪器（如磅秤、米尺等）进行实地称量，以确定其实有数量。这种方法适用范围广，大部分财产物资的清查都采用这种方法。这种方法数字准确可靠，但是工作量比较大。

2. 技术推算法

技术推算法是指利用技术方法对财产物资的实存数进行推算，故又称估推法。该方法主要适用于那些大量、成堆、价廉、笨重且不能逐项清点的物资，如露天堆放的煤、沙石、焦炭等。使用这种方法时，必须比较准确地测定标准重量，物资整理后的形状符合规定要求。只有这样，计算出的实际数额才能接近实际。

无论采取何种方法对事物清查，都应按计划有步骤地进行，以免遗漏或重复。为了明确经济责任，各项财产物资盘点的结果应如实登记在"盘存单"上，并由盘点人员和实物保管人员同时签章，作为各项财产物资实存数额的书面证明。

（三）往来款项的清查方法

往来款项是单位与其他单位或个人之间的各种应收、应付款项和预收、预付款项等。往来款项的清查一般采用发函询证的方法进行核对。往来款项清查的方法一般如下。

第一，将本单位的往来账款核对清楚，确保总分类账户与明细分类账户的余额相等。

第二，在保证往来账户记录准确的基础上，编制"往来款项对账单"寄送各往来单位。通过信函、电函、面询等多种方式，请对方企业核对，确定各种应收、应付款的实际情况。

"往来款项对账单"一般分为上下两联：上联为与往来单位进行的核对函，须注明需核对公司的名称、结账日期、应收（应付）款金额等，并加盖单位印章后送达往来单位；下联为回单，为往来单位核对后的回复函，如对方单位核对相符，应盖章退回，如发现数额不符，往来单位应在回单上注明不符情况。在核对过程中，若发现未达账项，双方都应采用调节账面余额的方法，核对调整后的余额是否相符。

第三，往来款项清查结束后，应根据清查中发现的问题，及时编制往来款项清查结果报告表。通过该表列明核对相符与不符的金额，并对本单位和对方单位有争议的款项、没有希望收回的款项以及无法支付的款项详细地予以说明，以便及时采取措施，避免相互之间的长期拖欠，以减少坏账损失。

六、财产清查的结果处理

（一）财产清查结果处理的要求

财产清查结果处理是指对账实不符，即发生盘盈、盘亏、毁损等情况的处理。当实存数大于账存数时，称为盘盈；当实存数小于账存数时，称为盘亏；实存数虽与账存数一致，但是实存的财产物资在品质上有问题，不能按正常的财产物资使用时，称为毁损。无论是盘盈、盘亏还是毁损，都是财产清查处理的内容，应调查分析产生的原因，按照国家有关法律法规的规定进行相应的处理。

财产清查结果处理的具体要求有：①分析产生差异的原因和性质，提出处理建议；②积极处理多余积压财产，清理往来款项；③总结经验教训，建立和健全各项管理制度；④及时调整账簿记录，保证账实相符。

（二）财产清查结果处理的步骤

财产清查中发现的各种问题，应认真分析差异性性质及产生原因，按规定程序报批，同时应及时进行账务处理，保证账实相符。对于财产清查结果的处理可分为以下两种情况。

1. 审批之前的处理

根据"清查结果报告表""盘点报告表"等已经查实的数据资料填制记账凭证，记入有关账簿，使账簿记录与实际盘存数相符，同时根据权限将处理建议报股东大会或董事会，或经理（厂长）会议或类似机构批准。

2. 审批之后的处理

企业清查的各种财产的损溢，应于期末前查明原因，并根据企业的管理权限，经股东大会或董事会，或经理（厂长）会议或类似机构批准后，在期末结账前处理完毕。企业应严格按照有关部门对财产清查结果提出的处理意见进行账务处理，填制有关记账凭证，登记有关账簿，并追究造成财产损失相关人员的责任。

企业清查的各种财产的损溢，如果在期末结账前尚未经批准，在对外提供财务报表时，先按上述规定进行处理，并在附注中做出说明；其后批准处理的金额与已处理金额不一致的，调整财务报表相关项目的年初数。

（三）财产清查结果的账务处理

1. 设置"待处理财产损溢"账户

为了反映和监督企业在财产清查过程中查明的各种财产物资的盘盈、盘亏、毁损及其处理情况，应设置"待处理财产损溢"账户（固定资产盘盈和毁损分别通过"以前年度损益调整""固定资产清理"账户核算）。该账户属于双重性质的资产类账户，下设"待处理流动资产损溢"和"待处理非流动资产损溢"两个明细分类账户进行明细分类核算。该账户借方登记待处理财产物资的盘亏和毁损金额以及经批准后转销的盘盈金额；贷方登记待处理财产物资的盘盈金额以及经批准后转销的盘亏和毁损金额，该账户期末结转后应无余额。

2. 库存现金清查结果的账务处理

（1）库存现金盘盈的账务处理。库存现金盘盈时，应及时办理库存现金的入账手续，调整库存现金账簿记录，即按盘盈的金额借记"库存现金"科目，贷记"待处理财产损溢—待处理流动资产损溢"科目。

对盘盈的库存现金，应及时查明原因，按管理权限报经批准后，按盘盈的金额借记"待处理财产损溢—待处理流动资产损溢"科目，按需要支付或退还他人的金额贷记"其他应付款"科目，按无法查明原因的金额贷记"营业外收入"科目。

（2）库存现金盘亏的账务处理。库存现金盘亏时，应及时办理盘亏的确认手续，调整库存现金账簿记录，即按盘亏的金额借记"待处理财产损溢——待处理流动资产损溢"科目，贷记"库存现金"科目。

对盘亏的库存现金，应及时查明原因，按管理权限报经批准后，按可收回的保险赔偿和过失人赔偿的金额借记"其他应收款"科目；按管理不善等原因造成净损失的金额借记"管理费用"科目；按自然灾害等原因造成净损失的金额借记"营业外支出"科目，按原记入"待处理财产损溢——待处理流动资产损溢"科目借方的金额贷记本科目。

3. 存货清查结果的账务处理

（1）存货盘盈的账务处理。存货盘盈时，应及时办理存货入账手续，调整存货账簿的实存数。盘盈的存货应按其重置成本作为入账价值借记"原材料""库存商品"等科目，贷记"待处理财产损溢——待处理流动资产损溢"科目。

对于盘盈的存货，应及时查明原因，按管理权限报经批准后，冲减管理费用，即按其入账价值，借记"待处理财产损溢——待处理流动资产损溢"科目，贷记"管理费用"科目。

（2）存货盘亏的账务处理。存货盘亏时，应按盘亏的金额借记"待处理财产损溢——待处理流动资产损溢"科目，贷记"原材料""库存商品"等科目。材料、产成品、商品采用计划成本（或售价）核算的，还应同时结转成本差异（或商品进销差价），涉及增值税的，还应进行相应处理。

对盘亏的存货，应及时查明原因，按管理权限报经批准后按可收回的保险赔偿和过失人赔偿的金额借记"其他应收款"科目；按管理不善等原因造成净损失的金额借记"管理费用"科目；按自然灾害等原因造成净损失的金额借记"营业外支出"科目，按原记入"待处理财产损溢——待处理流动资产损溢"科目借方的金额贷记本科目。

4. 固定资产清查结果的账务处理

（1）固定资产盘盈的账务处理。企业在财产清查过程中盘盈的固定资产，经查明确属企业所有，按管理权限报经批准后，应根据盘存凭证填制固定资产交接凭证，经有关人员签字后送交企业会计部门，填写固定资产卡片账，并作为前期差错处理，通过"以前年度损益调整"科目核算。盘盈的固定资产通常按其重置成本作为入账价值借记"固定资产"科目，贷记"以前年度损益调整"科目。涉及增值税、所得税和盈余公积的，还应按相关规定处理。

（2）固定资产盘亏的账务处理。固定资产盘亏时，应及时办理固定资产注销手续，按盘亏固定资产的账面价值，借记"待处理财产损溢—待处理非流动资产损溢"科目，按已提折旧额，借记"累计折旧"科目，按其原价，贷记"固定资产"科目。涉及增值税和递延所得税的，还应按相关规定处理。

对盘亏的固定资产，应及时查明原因，按管理权限报经批准后，按过失人及保险公司应赔偿额，借记"其他应收款"科目，按盘亏固定资产的原价扣除累计折旧和过失人及保险公司赔偿后的差额，借记"营业外支出"科目，按盘亏固定资产的账面价值，贷记"待处理财产损溢—待处理非流动资产损溢"科目。

5. 结算往来款项盘存的账务处理

在财产清查过程中发现的长期未结算的往来款项，应及时清查。对经查明确实无法支付的应付款项可按规定程序报经批准后，转作营业外收入。对无法收回的应收款项则作为坏账损失冲减坏账准备。坏账是指企业无法收回或收回的可能性极小的应收款项。由于发生坏账而产生的损失，称为坏账损失。涉及坏账准备时编制的会计分录为：计提时，借记"资产减值损失"，贷记"坏账准备"；发生坏账时，借记"坏账准备"，贷记"应收账款"。

企业通常应将符合下列条件之一的应收款项确认为坏账。

（1）债务人死亡，以其遗产清偿后仍然无法收回。

（2）债务人破产，以其破产财产清偿后仍然无法收回。

（3）债务人较长时间内未履行其偿债义务，并有足够的证据表明无法收回或者收回的可能性极小。

企业对有确凿证据表明确实无法收回的应收款项，经批准后作为坏账损失。对已确认为坏账的应收款项，并不意味着企业放弃了追索权，一旦重新收回，应及时入账。

第三节　不同财务报表的编制

财务报表是根据日常会计核算资料编制的、综合反映企业某一特定日期的财务状况和某一会计期间经营成果、现金流量的总结性书面文件。

一、财务报表的认知

（一）财务报表的目标

企业编制财务报表的目标，是向财务报表使用者提供与企业财务状况、经营成果和现金流量等有关的会计信息，反映企业管理层受托责任的履行情况，有助于财务报表使用者做出经济决策。财务报表的使用者通常包括投资人、债权人、政府及其有关部门和社会公众等。

（二）财务报表的作用

财务报表总括反映了企业某一特定日期的财务状况和某一会计期间的经营成果及现金流量。企业正确、及时地编报财务报表，具有十分重要的作用。

第一，企业的投资者和债务人通过财务报表提供的会计信息，可以了解有关企业财务状况、经营成果和现金流量情况，据以进行正确的投资决策和信贷决策。同时，投资者还可以据以评估企业管理层受托责任的履行情况。

第二，企业管理者可以通过财务报表提供的会计信息，掌握本企业有关财务状况、经营成果和现金流量的情况，据以考核和分析企业财务成本计划或预算的完成情况，总结和分析企业经营过程中所取得的成绩和存在的问题，评价企业的经济效益。

第三，国家有关部门通过对企业提供的财务报表资料进行汇总分析，可以了解和掌握各部门、各地区的经济运行情况，并针对存在的问题，采取各种经济杠杆和政策进行必要的宏观调控，促进社会资源的有效配置。

（三）财务报表的组成

一套完整的财务报表至少应当包括"四表一注"，即资产负债表、利润表、现金流量表、所有者权益（或股东权益，下同）变动表以及附注。财务报表上述组成部分具有同等的重要程度。会计报表分别从不同的角度反映了企业的财务状况、经营成果和现金流量情况。

第一，资产负债表是反映企业某一特定日期财务状况的报表。

第二，利润表是反映企业在一定期间经营成果的报表。

第三，现金流量表是反映企业在一定期间内现金及现金等价物流入和流出情况的报表。

第四，所有者权益变动表反映构成所有者权益的各组成部分当期的增减变动情况。企业净利润及其分配情况是所有者权益变动的组成部分，若相关信息已经在所有者权益变动表及其附注中反映，则不需要单独编制利润分配表。

第五，附注是财务报表不可或缺的组成部分，是对资产负债表、利润表、现金流量表和所有者权益变动表等报表中列示项目的文字描述或明细资料，以及对未能在这些报表中列示项目的说明等。

（四）财务报表的类别

1. 依据编报期间的不同分类

（1）中期财务报表。中期财务报表是指以中期为基础编制的财务报表。中期财务报表又可分为月度财务报表、季度财务报表和半年度财务报表。其中，月度财务报表是指月度终了对外提供的财务报表；季度财务报表是指季度终了对外提供的财务报表；半年度财务报表是指在每个会计年度的前6个月结束后对外提供的财务报表。

中期财务报表至少应当包括资产负债表、利润表、现金流量表和附注。中期资产负债表、利润表和现金流量表应当是完整报表，其格式和内容应当与年度财务报表相一致。与年度财务报表相比，中期财务报表中的附注披露可适当简略。

（2）年度财务报表。年度财务报表是指以一个完整的会计年度（自公历1月1日起至12月31日止）为基础编制的财务报表。年度财务报表一般包括资产负债表、利润表、现金流量表、所有者权益变动表和附注等内容。

2. 依据编报主体的不同分类

（1）个别财务报表。个别财务报表是由企业在自身会计核算基础上对账簿记录进行加工而编制的财务报表。它主要用以反映企业自身的财务状况、经营成果和现金流量。

（2）合并财务报表。合并财务报表是以母公司和子公司组成的企业集团为会计主体，根据母公司和所属子公司的财务报表，由母公司编制的综合反映企业集团财务状况、经营成果及现金流量的财务报表。

3. 依据所反映资金运动的性质不同分类

（1）静态财务报表。静态财务报表是指反映企业某一特定时日的资产、负债和所有者权益等基本财务状况的报表。资产负债表就属于这类报表。所以，资产负债表可以说是综合反映某一特定日期（通常为月末、季末、半年末或年末）基本财务情况的报表。

（2）动态财务报表。动态财务报表是指表现企业在一定期间内的经营成果的形成及其在经营中对现金增减变化影响的报表。利润表、现金流量表和所有者权益变动表属于这类报表。动态报表是处于经营期间内的报表，在时间表示上一般是月份、季度、半年度或年度。现金流量表和所有者权益变动表一般为年度编制。

4. 依据使用者与企业的关系不同分类

（1）对外财务报表。对外财务报表是指需要向企业外部的所有利害关系人公开的财务报表。其内容包括资产负债表、利润表、现金流量表以及所有者权益变动表等。

（2）对内财务报表。对内财务报表是指为企业内部经营管理者提供经营管理所需要的财务报表。其内容基本是涉及企业经营"秘密"的报表，如有关成本报表、销售利润表等，这些专项财务报表都不宜公开。

（五）财务报表的编制

1. 财务报表编制的要求

（1）以持续经营为基础编制。企业应当以持续经营为基础，根据实际发生的交易和事项，按照各项会计准则的规定进行确认和计量，在此基础上编制财务报表。以持续经营为基础编制财务报表不再合理时，企业应当采用其他基础编制财务报表，并在附注中声明财务报表未以持续经营为基础编制的事实、披露未以持续经营为基础编制的原因和财务报表的编制基础。

（2）按正确的会计基础编制。除现金流量表按照收付实现制原则编制外，企业应当按照权责发生制原则编制财务报表。

（3）至少按年编制财务报表。企业至少应当按年编制财务报表。年度财务报表涵盖的期间短于1年的，应当披露年度财务报表的涵盖期间、短于1年的原因以及报表数据不具可比性的事实。

（4）项目列报遵守重要性原则。重要性是指在合理预期下，财务报表某项目的省略或错报会影响使用者据此做出经济决策的，则该项目具有重要性。

重要性应当根据企业所处的具体环境，从项目的性质和金额两方面予以判断，且对各项目重要性的判断标准一经确定，不得随意变更。判断项目性质的重要性，应当考虑该项目在性质上是否属于企业日常活动，是否显著影响企业的财务状况、经营成果和现金流量等因素；判断项目金额大小的重要性，应当考虑该项目金额占资产总额、负债总额、所有者权益总额、营业收入总额、营业成本总额、净利润、综合收益总额等直接相关项目金额的比重或所属报表单列项目金额的比重。

性质或功能不同的项目，应当在财务报表中单独列报，但不具有重要性的项目除外；性质或功能类似的项目，其所属类别具有重要性的，应当按其类别在财务报表中单独列报。某些项目的重要性程度不足以在资产负债表、利润表、现金流量表或所有者权益变动表中单独列示，但对附注却具有重要性，则应当在附注中单独披露。

（5）保持项目列报的一致性。财务报表项目的列报应当在各个会计期间保持一致，除会计准则要求改变财务报表项目的列报或企业经营业务的性质发生重大变化后，变更财务报表项目的列报能提供更可靠、更相关的会计信息外，不得随意变更。

（6）各项目之间的金额不得相互抵销。财务报表中的资产项目和负债项目的金额、收入项目和费用项目的金额、直接记入当期利润的利得和损失项目的金额不得相互抵销，但其他会计准则另有规定的除外。一组类似交易形成的利得和损失应当以净额列示，但具有重要性的除外。资产或负债项目按扣除备抵项目后的净额列示，不属于抵销。非日常活动产生的利得和损失，以同一交易形成的收益扣减相关费用后的净额列示更能反映交易实质的，不属于抵销。

（7）至少应当提供一个比较数据。当期财务报表的列报，至少应当提供所有列报项目上一个可比会计期间的比较数据，以及与理解当期财务报表相关的说明，但其他会计准则另有规定的除外。财务报表的列报项目发生变更的，应当至少对可比期间的数据按照当期的列报要求进行调整，并在附注中披露调整的原因和性质，以及调整的各项目金额。对可比数据进行调整不切实可行的，应当在附注中披露不能调整的原因。

（8）在显著位置披露重要信息。企业应当在财务报表的显著位置（如表首）至少披露下列各项：①编报企业的名称；②资产负债表日或财务报表涵盖的会计期间；③人民币金额单位；④财务报表是合并财务报表的，应当予以标明。

企业应当依照有关法律、行政法规规定的结账日进行结账。年度结账日为公历年度每年的12月31日；半年度、季度、月度结账日分别为公历年度每半年、每季、每月的最后一天。并且要求月度财务报表应当于月度终了后6天内（节假日顺延，下同）对外提供，季度财务报表应当于季度终了后15天内对外提供，半年度财务报表应当于年度中期结束后60天内（相当于两个连续的月份）对外提供，年度财务报表应当于年度终了后4个月内对外提供。伪造、变造财务报表都是违反《会计法》的，最终将受到惩罚。因此，每一位会计人员在编制财务报表时都必须实事求是，认真负责。

2. 财务报表编制的准备

在编制财务报表前，需要完成下列工作。

（1）严格审核会计账簿的记录和有关资料。

（2）进行全面财产清查、核实债务，并按规定程序报批，进行相应的会计处理。

（3）按规定的结账日进行结账，结出有关会计账簿的余额和发生额，并核对各会计账簿之间的余额。

（4）检查相关的会计核算是否按照国家统一的会计制度的规定进行。

（5）检查是否存在因会计差错、会计政策变更等原因而需要调整前期或本期相关项目的情况等。

二、资产负债表

资产负债表是指反映企业在某一特定日期财务状况的会计报表。它是根据"资产＝负债＋所有者权益"这一会计等式，依照一定的分类标准和顺序，将企业在一定日期的全部资产、负债和所有者权益项目进行适当分类、汇总、排列后编制而成的。资产负债表中的数据体现的是特定时刻的财务状况，属于静态报表，也是企业基本会计报表之一，是所有独立核算的企业单位都必须对外报送的会计报表。

（一）资产负债表的主要作用

资产负债表可以为报表使用者提供很多财务状况方面的决策信息，具体如下。

第一，提供某一日期资产的总额及其结构，表明企业拥有或控制的资源及其分布情况。

第二，提供某一日期负债总额及其结构，表明企业未来需要用多少资产或劳务清偿债务以及用多少时间清偿债务。

第三，反映所有者所拥有的权益，据以判断资本保值、增值的情况以及对负债的保障程度。

（二）资产负债表的列示要求

1. 总体要求

（1）分类别列报。资产负债表应当按照资产、负债和所有者权益三大类别分类列报。

（2）资产和负债按流动性列报。资产和负债应当按照流动性分别分为流动资产和非流动资产、流动负债和非流动负债列示。

（3）列报相关的合计、总计项目。资产负债表中的资产类至少应当列示流动资产和非流动资产的合计项目；负债类至少应当列示流动负债、非流动负债以及负债的合计项目；所有者权益类应当列示所有者权益的合计项目。

资产负债表应当分别列示资产总计项目和负债与所有者权益之和的总计项目，并且二者的金额应当相等。

2. 资产的列示

资产负债表中的资产类至少应当单独列示反映下列信息的项目：①货币资金；②以公允价值计量且其变动记入当期损益的金融资产；③应收款项；④预付款项；⑤存货；⑥被划分为持有待售的非流动资产及被划分为持有待售的处置组中的资产；⑦可供出售金融资产；⑧持有至到期投资；⑨长期股权投资；⑩投资性房地产；⑪固定资产；⑫生物资产；⑬无形资产；⑭递延所得税资产。

3. 负债的列示

资产负债表中的负债类至少应当单独列示反映的信息包括：①短期借款；②以公允价值计量且其变动计入当期损益的金融负债；③应付款项；④预收款项；⑤应付职工薪酬；⑥应交税费；⑦被划分为持有待售的处置组中的负债；⑧长期借款；⑨应付债券；⑩长期应付款；⑪预计负债；⑫递延所得税负债。

4. 所有者权益的列示

资产负债表中的所有者权益类至少应当单独列示反映的信息包括：①实收资本（或股本）；②资本公积；③盈余公积；④未分配利润。

（三）资产负债表的一般格式

资产负债表的格式分为报告式和账户式两种。报告式的资产负债表是上下结构，上半部列示资产，下半部列示负债和所有者权益；账户式的资产负债表是左右结构，左边列示资产，右边列示负债和所有者权益，左右两方的总额相等。根据规定，资产负债表采用账户式。

资产负债表由表头和表体两部分组成。表头部分应列明报表名称、编表单位名称、资产负债表日和人民币金额单位；表体部分反映资产、负债和所有者权益的内容。其中，表体部分是资产负债表的主体和核心，各项资产、负债和所有者权益按流动性排列，所有者权益项目按稳定性排列。

（四）资产负债表的填列方法

资产负债表的编制是指会计人员在规定的资产负债表的格式和栏目内，填列各有关具体项目金额的一项会计核算工作。编制资产负债表要求会计人员应熟悉会计准则及行业会计制度的规定，并掌握一定的编制方法。

资产负债表的编制一般要经过三个阶段：一是要做好编制前的各项准备工作，包括认真进行财产清查，以便账实相符；认真清理核对账目，以求账账相符；准确进行结账等，以保证填列在资产负债表中的各项目金额正确无误。二是认真计算并填列表内各项目金额。三是认真复核，并请有关领导或会计主管人员审核、签名或盖章，办理各种手续。

1. 资产项目的填列

（1）"货币资金"项目应根据"库存现金""银行存款""其他货币资金"账户期末余额的合计数填列。

（2）"交易性金融资产"项目应当根据"交易性金融资产"账户的期末余额填列。

（3）"应收票据"项目应根据"应收票据"账户的期末余额，减去"坏账准备"账户中有应收票据计提的坏账准备期末余额后的金额填列。

（4）"应收账款"项目应根据"应收账款"和"预收账款"账户所属各明细科目的期末借方余额合计，减去"坏账准备"账户中有关应收账款计提的坏账准备期末余额后的金额填列。如"应收账款"账户所属明细科目期末有贷方余额的，应在本表"预收款项"项目内填列。

（5）"预付款项"项目应根据"预付账款"和"应付账款"账户所属明细科目的期末借方余额合计数，减去"坏账准备"账户中有关预付款项计提的坏账准备期末余额后的金额填列。如"预付账款"账户所属各明细科目期末有贷方余额的，应在资产负债表"应付账款"项目内填列。

（6）"应收利息"应根据"应收利息"账户的期末余额，减去"坏账准备"账户中有关应收利息计提的坏账准备期末余额后的金额填列。

（7）"应收股利"项目应根据"应收股利"账户的期末余额，减去"坏账准备"账户中有关应收股利计提的坏账准备期末余额后的金额填列。

（8）"其他应收款"项目应根据"其他应收款"账户的期末余额，减去"坏账准备"账户中有关其他应收款计提的坏账准备期末余额后的金额填列。

（9）"存货"项目应根据"材料采购""原材料""库存商品""周转材料""委托加工物资""委托代销商品""生产成本"等账户的期末余额合计，减去"受托代销商品款""存货跌价准备"账户期末余额后的金额填列。材料采用计划成本核算，以及库存商品采用计划成本核算或售价核算的企业，还应按加或减材料成本差异、商品进销差价后的金额填列。

（10）"一年内到期的非流动资产"项目应根据有关科目的期末余额填列。

（11）"其他流动资产"项目应根据有关账户的期末余额填列。如果其他流动资产价值较大的，应在财务报表附注中披露其内容和金额。

（12）"可供出售金融资产"项目应根据"可供出售金融资产"账户的期末余额减去提取的"可供出售金融资产减值准备"账户以后的净额填列。

（13）"持有至到期投资"项目应根据"持有至到期投资"账户的期末余额减去提取的"持有至到期投资减值准备"账户以后的净额填列。

（14）"长期应收款"项目应根据"长期应收款"账户的期末余额直接填列。

（15）"长期股权投资"项目应根据"长期股权投资"账户的期末余额，减去"长期股权投资减值准备"账户的期末余额后的金额填列。

（16）"投资性房地产"项目根据"投资性房地产"账户的期末余额减去"投资性房地产累计折旧（摊销）"账户的余额，再减去提取的"投资性房地产减值准备"账户后的净额填列。

（17）"固定资产"项目，反映企业各自固定资产原价减去累计折旧和累计减值准备后的净额。本项目应根据"固定资产"账户的期末余额，减去"累计折旧"和"固定资产减值准备"账户期末余额后的金额填列。

（18）"在建工程"项目应根据"在建工程"账户的期末余额，减去"在建工程减值准备"账户期末余额后的金额填列。

（19）"工程物资"项目应根据"工程物资"账户的期末余额填列。

（20）"固定资产清理"项目应根据"固定资产清理"账户的期末借方余额填列，如"固定资产清理"账户期末为贷方余额，以"—"号填列。

（21）"生产性生物资产"项目应根据"生产性生物资产"账户的余额减去"生产性生物资产累计折旧"账户的余额，再减去"生产性生物资产减值准备"账户后的净额填列。

（22）"油气资产"项目应根据"油气资产"账户余额减去"累计折耗"账户的余额，再减去"油气资产减值准备"账户后的净额填列。

（23）"无形资产"项目应根据"无形资产"账户的期末余额，减去"累计摊销"和"无形资产减值准备"账户期末余额后的金额填列。

（24）"开发支出"项目应当根据"研发支出"账户中所属的"资本化支出"明细账户期末余额填列。

（25）"商誉"项目应根据"商誉"账户余额减去"商誉减值准备"账户后的净额填列。

（26）"长期待摊费用"项目应根据"长期待摊费用"账户的期末余额减去将于1年内（含1年）摊销的数额后的金额填列。

（27）"递延所得税资产"项目应根据"递延所得税资产"账户期末余额填列。

（28）"其他非流动资产"项目应根据有关账户的期末余额填列。

2. 负债项目的填列

（1）"短期借款"项目应根据"短期借款"账户的期末余额填列。

（2）"交易性金融负债"项目应根据"交易性金融负债"账户期末余额直接填列。

（3）"应付票据"项目应根据"应付票据"账户的期末余额填列。

（4）"应付账款"项目应根据"应付账款"和"预付账款"账户所属明细科目的期末贷方余额合计数填列，如"应付账款"账户所属明细科目期末有借方余额的，应在资产负债表"预付款项"项目内填列。

（5）"预收款项"项目应根据"预收账款"和"应收账款"账户所属各明细科目的期末贷方余额合计数填列，如"预收账款"账户所属各明细科目期末有借方余额的，应在资产负债表"应收账款"项目内填列。

（6）"应付职工薪酬"项目，反映企业根据有关规定应付给职工的工资、职工福利、社会保险费、住房公积金、工会经费、职工教育经费、非货币性福利、辞退福利等各种薪酬。

（7）"应交税费"项目应根据"应交税费"账户的期末贷方余额填列，如"应交税费"账户期末为借方余额，应以"—"号填列。

（8）"应付利息"项目应当根据"应付利息"账户的期末余额填列。

（9）"应付股利"项目应根据"应付股利"科目的期末余额填列。

（10）"其他应付款"项目应根据"其他应付款"科目的期末余额填列。

（11）"一年内到期的非流动负债"项目，反映企业非流动负债中将于资产负债表日后1年内到期部分的金额，如将于1年内偿还的长期借款。本项目应根据有关科目的期末余额填列。

（12）"其他流动负债"项目应根据有关账户的期末余额填列。如其他流动负债价值较大的，应在财务报表附注中披露其内容及金额。

（13）"长期借款"项目应根据"长期借款"科目的期末余额填列。

（14）"应付债券"项目应根据"应付债券"科目的期末余额填列。

（15）"长期应付款"项目应根据"长期应付款"账户的期末余额填列。

（16）"预计负债"项目，反映企业确认的对外提供担保、未决诉讼、产品质量保证、重组义务、亏损性合同等预计负债。本项目应根据"预计负债"账户的期末余额填列。

（17）"专项应付款"项目，反映企业取得政府作为企业所有者投入的具有专项或特定用途的款项。本项目应根据"专项应付款"账户的期末余额填列。

（18）"递延所得税负债"项目，反映企业确认的应纳税暂时性差异产生的所得税负债。本项目应根据"递延所得税负债"账户期末余额填列。

（19）"其他非流动负债"项目应根据有关科目的期末余额填列。非流动负债各项目中将于1年内（含1年）到期的非流动负债，应在"一年内到期的非流动负债"项目内单独反映。

3. 所有者权益项目的填列

（1）"实收资本（股本）"项目应根据"实收资本（股本）"账户的期末余额填列。

（2）"资本公积"项目应根据"资本公积"账户的期末余额填列。

（3）"盈余公积"项目应根据"盈余公积"账户的期末余额填列。

（4）"未分配利润"项目应根据"本年利润"账户和"利润分配"账户的余额计算填列。未弥补的亏损在本项目内以"—"号填列。

（五）资产负债表的方法总结

资产负债表"期末余额"栏内各项数字，一般应根据资产、负债和所有者权益类科目的期末余额填列。上述具体编制方法可总结为以下五个方面。

第一，根据总账账户期末余额直接填列。资产负债表"期末余额"各项目的数字主要是根据总账账户期末余额直接填列。例如，"交易性金融资产""固定资产清理""短期借款""应付票据""应付职工薪酬""应交税费""应付利息""应付股利""实收资本""资本公积""盈余公积"等项目，应根据有关总账账户的期末余额直接填列。

第二，根据总账账户期末余额计算填列。资产负债表中的某些项目"期末余额"要根据若干个总账账户的期末余额计算填列。例如，"货币资金"项目，应根据"库存现金""银行存款""其他货币资金"账户的期末余额合计填列；"未分配利润"项目，应根据"本年利润"账户和"利润分配"账户的期末余额分析、计算填列。

第三，根据明细账户期末余额计算填列。资产负债表中的某些项目需要根据有关总账账户所属的明细账户期末余额计算填列。例如，"应付账款"项目，应根据"应付账款"账户和"预付账款"账户所属明细账户的期末贷方余额计算填列；"应收账款"项目，应根据"应收账款"账户和"预收账款"账户所属明细账户的期末借方余额合计，减去所计提的"坏账准备"期末余额后的金额填列。

第四，根据总账账户和明细账户的期末余额计算填列。资产负债表的某些项目需要根据总账账户和明细账户的期末余额计算填列。例如，"长期借款"项目，应根据"长期借款"总账账户期末余额扣除"长期借款"所属明细账户中将于1年内到期，且企业不能自主地将清偿义务展期的长期借款后的金额填列；"应付债券"项目，应根据"应付债券"总账账户余额扣除"应付债券"所属明细账户中将于1年内到期部分后的金额填列。

第五，根据总账账户期末余额，减去备抵账户余额后的净额填列。资产负债表中某些项目需要根据有关总账账户期末余额，减去其所计提的各种减值准备后的净额填列。例如，"存货"项目，应根据"原材料""库存商品""周转材料""在途物资""生产成本"等总账期末余额的汇总数，减去"存货跌价准备"账户期末余额后的金额填列；"固定资产"项目，应根据"固定资产"总账账户期末余额减去"累计折旧"和"固定资产减值准备"备抵账户余额后的净额填列。此外，资产负债表中的合计和总计项目数字，应根据报表项目之间的关系计算填列。

三、利润表

利润表又称损益表，是反映企业在一定会计期间的经营成果的财务报表。利润表是根据"收入–费用＝利润"编制的，其数据说明某一期间的财务情况。因此，利润表属于动态报表。

利润表是会计报表中的一张基本报表，是企业经营业绩的综合体现，又是企业进行利润分配的主要依据。

（一）利润表的主要作用

利润表可以为报表使用者提供很多经营成果方面的决策信息：①反映一定会计期间收入的实现情况；②反映一定会计期间的费用耗费情况；③反映企业经济活动成果的实现情况，据以判断资本保值增值等情况。

（二）利润表的列示要求

第一，企业在利润表中应当对费用按照功能分类，分为从事经营业务发生的成本、管理费用、销售费用和财务费用等。

第二，利润表至少应当单独列示反映下列信息的项目，但其他会计准则另有规定的除外：①营业收入；②营业成本；③营业税金及附加；④管理费用；⑤销售费用；⑥财务费用；⑦投资收益；⑧公允价值变动损益；⑨资产减值损失；⑩非流动资产处置损益；⑪所得税费用；⑫净利润；⑬其他综合收益各项目分别扣除所得税影响后的净额；⑭综合收益总额。金融企业可以根据其特殊性列示利润表项目。

第三，其他综合收益项目应当根据其他相关会计准则的规定，分为以后会计期间不能重分类进损益的其他综合收益项目和以后会计期间在满足规定条件时将重分类进损益的其他综合收益项目两类列报。

第四，在合并利润表中，企业应当在净利润项目之下单独列示归属于母公司所有者的损益和归属于少数股东的损益，在综合收益总额项目之下单独列示归属于母公司所有者的综合收益总额和归属于少数股东的综合收益总额。

（三）利润表的一般格式

利润表的格式主要有单步式利润表和多步式利润表两种。在我国，企业应当采用多步式利润表，将不同性质的收入和费用分别进行对比，以便得出一些中间性的利润数据，帮助使用者理解企业经营成果的不同来源。利润表通常包括表头和表体两部分。表头应列明报表名称、编表单位名称、财务报表涵盖的会计期间和人民币金额单位等内容。利润表的表体，反映形成经营成果的各个项目和计算过程。

（四）利润表的填列方法

为了使报表使用者通过不同期间利润的实现情况判断企业经营成果的未来发展趋势，企业需要提供比较利润表。利润表中各项目的金额，一般是根据有关账户的本期发生额来填列的。"本期金额"栏内各项数字，根据以下方法填列。

"营业收入"项目应根据"主营业务收入"和"其他业务收入"账户的发生额分析填列。

"营业成本"项目应根据"主营业务成本"和"其他业务成本"账户的发生额分析填列。

"营业税金及附加"项目应根据"营业税金及附加"账户的发生额分析填列。

"销售费用"项目应根据"销售费用"账户的发生额分析填列。

"管理费用"项目应根据"管理费用"账户的发生额分析填列。

"财务费用"项目应根据"财务费用"账户的发生额分析填列。

"资产减值损失"项目应根据"资产减值损失"账户的发生额分析填列。

"公允价值变动收益"项目应根据"公允价值变动损益"账户的发生额分析填列，如为净损失，本项目以"—"号填列。

"投资收益"项目应根据"投资收益"账户的发生额分析填列。如为投资损失，本项目以"—"号填列。

"营业利润"项目，反映企业实现的营业利润。如为亏损，本项目以"—"号填列。

"营业外收入"项目应根据"营业外收入"账户的发生额分析填列。

"营业外支出"项目应根据"营业外支出"账户的发生额分析填列。

"利润总额"项目，反映企业实现的利润。如为亏损，本项目以"—"号填列。

"所得税费用"项目应根据"所得税费用"账户的发生额分析填列。

"净利润"项目，反映企业实现的净利润。如为亏损，本项目以"—"号填列。

"基本每股收益"和"稀释每股收益"项目，反映普通股股东每持有一股所能享有的企业利润或需承担的企业亏损。

（五）利润表的方法总结

利润表中"本期金额"栏内的数字，应按照相关账户的本期累计发生额填列。具体方法如下。

1. 根据有关账户的发生额直接填列

利润表中的"营业税金及附加""销售费用""管理费用""财务费用""资产减值损失""公允价值变动收益"（若为损失，则以"—"号填列）、"投资收益"（若为损失，则以"—"号填列）、"营业外收入""营业外支出""所得税费用"等项目，应根据相关账户的发生额直接填列。

2. 根据有关账户的发生额分析计算填列

利润表中的以下项目应根据有关账户的发生额分析计算填列。

（1）"营业收入"项目，应根据"主营业务收入"账户和"其他业务收入"账户的发生额合计填列。

（2）"营业成本"项目，应根据"主营业务成本"账户和"其他业务成本"账户的发生额分析填列。

3. 根据公式计算填列

利润表中的"营业利润""利润总额""净利润""每股收益"项目应按照公式计算填列。

利润表中"上期金额"栏内的数字，应根据上年同期利润表的"本期金额"栏内所列的数字填列。如果上年度利润表的项目名称和内容与本年度利润表不一致，则应对上年度利润表各项目的名称和数字按照本年度的规定进行调整，再填入利润表的"上期金额"栏。

实践教学篇

第五章　会计实践教学模式及创新研究

第一节　业财一体化下会计实践教学中的体验式教学模式

当前，我国会计实践教学着重提高学生的职业素养和能力，这也是强化技能培养和未来就业的良好前提。在业财一体化视角下，我国市场经济体系中各个行业的财务管理工作实现了变革和发展，将财务数据和业务融为一体，给会计实践教学带来了新的思路与方法。因此，针对业财一体化视角下会计实践教学中体验式教学模式的应用研究具有重要的意义和价值。

一、体验式教学

体验式教学是一种教育方法，强调学生通过亲身参与、实践和体验来学习知识和技能，这种教学方法的目标是通过让学生积极参与课程内容，使他们更深入地理解和记住所学的内容。

（一）体验式教学的特点

1. 体验式

体验式教学是一种强调学生通过实际参与和实践操作来积累知识和技能的方法。在这种教学模式下，学生会积极亲身参与会计实践，通过这些亲身经历，他们能深刻理解并内化会计的基本概念和原则。另外，学生在体验式教学中会被鼓励去亲自执行会计任务，应用他们学到的知识，解决真实或虚拟的会计问题。这一亲身体验有助于将抽象的会计理论转化为具体的实践，帮助学生更深入地理解概念，掌握技能，并培养解决问题的能力。通过实际操作，他们积累了宝贵的经验，能更加自信地应对未来的会计工作挑战。

2. 主动性

在体验式教学中，学生被鼓励成为知识的积极探险者，他们积极参与学习，提出问题、探索解决方案，并发挥自己的创造性和批判性思维能力。学生在主动性教学中不再是被动的信息接收者，而是成为学习的主体。他们需要提出问题，寻找答案，积极参与讨论和合作。这种参与度的提升不仅有助于学生更好地理解教材，还能培养他们的批判性思维能力。通过提出问题和探索解决方案，学生开始思考问题的不同方面，评估各种可能性，并学会分析和比较不同的观点和策略。

3. 生成性

生成性教学在体验式教学中占有重要地位，它强调学生不仅仅是被动地接收现成的信息，而是要积极地生成新的知识和技能。学生需要在实际实践中主动运用他们已学的概念和原则，从而创建新的认知结构，这有助于更深刻地理解和记忆会计知识。

在生成性教学中，学生被鼓励将已有的知识和技能应用于具体的会计情境中。通过主动解决问题、参与实际的会计工作，学生不仅将课堂上学到的理论知识付诸实践，而且通过这一过程建立了自己的认知框架。这个过程中，他们开始将抽象的概念与具体的实践联系起来，形成新的认知结构，这使他们更容易理解和记忆所学的会计知识。

另外，生成性教学还有助于学生的深层学习，因为他们不仅仅是通过机械记忆来掌握知识，而是通过积极思考、分析和应用知识来建构自己的理解。这种深层次的学习更有可能在长期内保持，因为学生将知识与实际经验联系在一起，形成了更牢固的认知结构。

4. 开放性

体验式教学的一个显著特点是提供开放性的情境和问题，以激发学生的探索欲望和创造力。在这种教学模式下，学生面临的情境和问题通常没有单一的、固定的答案，而是可以有多种不同的解决方案。这鼓励学生自由探索、提出独特的观点和方法，从而培养了他们的创新能力和适应能力。

通过面对开放性问题，学生能思考、独立分析，以找到最合适的解决方法。这种探索的过程有助于培养他们的批判性思维和解决问题的技能。学生需要考虑不同的因素和可能性，评估各种解决方案的优劣，并根据情境做出明智的决策。此外，开放性的情境和问题也有助于培养学生的创新能力。学生被鼓励寻找独特的、创新的方法来解决问题，这种创造性的思维对应对现实世界中的复杂和多样性的挑战至关重要。在会计领域，实际工作往往涉及各种不同情况和变数，因此培养学生的适应能力和创新能力对成功的会计专业人士至关重要。

5. 情感性

体验式教学在激发学生的情感投入方面发挥了重要作用。通过在实际情境中亲身经历成功和挫折，学生能产生更深刻的情感体验，这有助于加深他们对会计工作的理解和记忆，同时也培养了一系列重要的情感智力和自我调节能力。

情感投入是指学生对学习的积极情感体验，这包括兴趣、乐趣、自豪感和愉悦感。在体验式教学中，学生在实际情境中亲身体验成功的时刻，会感到自己的努力得到了回报，这种满足感和自豪感激发了积极的情感投入。此外，当学生面对挫折和困难时，他们的情感也会受到挑战，但这种情感体验有助于培养坚韧性和毅力，让他们更能应对未来的挑战。这种情感投入不仅使学习更有趣和动力，还有助于记忆。学生更容易记住那些与强烈情感体验相关的信息，因为情感加深了记忆的印象。因此，在会计实践中的情感体验可以使学生更好地记住并理解会计概念和原则。

另外，体验式教学还有助于培养学生的情感智力和自我调节能力。通过处理情感体验，学生学会了认识和管理自己的情感，这对于在职业生涯中与客户、同事和上司建立积极的情感关系非常重要。情感智力也包括对他人情感的理解和同情，这有助于培养学生的人际关系技能。

（二）会计实践教学与体验式教学

会计实践教学中应用体验式教学，不仅能使教师打通学生、课堂与企业之间的连接渠道，还可以在现有的会计实践教学课堂上创设实践情境，帮助学生进行理解。在教学过程中，教师要始终强化学生的主体地位和主观思想，在全方位把握现有实践教学内容、目标和环节的基础上，将会计理论与实践进行有机结合，以助力学生更好地掌握会计理论知识，提升实践能力和水平。

基于当前业财一体化发展的视角下，会计实践教学也要实现新的改革和进步。因此，在体验式教学开展的过程中，教师要充分激发学生的主观能动性，让他们积极投入会计实践学习，并引导学生进行独立的思考和创新，并基于会计实践的角度，多方面思考和探索问题，总结问题解决的经验和做法。此外，在开展体验式教学时，教师也要不断传授各类会计领域的新技术、新理念和新技能，让学生主动探索理论知识，并将其应用在会计实践中，以提升自身专业技能水平。

二、业财一体化下会计实践教学中的体验式教学的理念

（一）校企合作教学理念

当前，我国高等教育体系着重强调学校与企业之间的合作，让学生能更加充分地了解

当前市场领域的发展状态和企业工作开展的实际情况，切实实现学生在校学习与未来工作之间的有效衔接。在会计实践教学中，校企合作的新模式能让学生更加直观地了解当前市场环境下企业会计岗位的实际工作情况。因此，教师要建立全面的模拟和仿真实践环境，以使学生能真切地感受到财务会计人才的专业需求和工作要点，使学生在会计实践学习中强化问题分析能力，促进会计实践教学的全面开展。基于校企合作的教学理念下，只有不断完善"三对接"的发展和进步，即会计理论教学与市场需求、教学内容与会计职业标准、教学过程与会计业务工作三方面的对接，才能确保实践教学的全面开展。

（二）一体化教学理念

基于业财一体化视角下开展会计实践教学，并在其中应用体验式教学模式，以未来工作过程为目标和导向，强化对学生专业技能和素养的培养，使学生的财务会计知识的理论学习与实践有机结合，从而搭建课堂与体验式教学的模拟环境，实现有机统一，进而形成一体化的教室环境和教学模式，营造理论与实践两手抓的良好的教学氛围。此外，也要将会计实践教学过程与会计其他理论学习融为一体，以使学生在当前飞速发展的互联网背景下，能利用碎片化的时间进行学习，从而理解和掌握各类知识。

三、业财一体化下会计实践教学中的体验式教学的意义

（一）发挥学生学习的能动性

在会计实践教学中，应用体验式教学不仅能帮助学生更好地创设会计实践的良好教学情境，还能让学生真正融入情境之中，掌握并学习各类会计基础知识，并在相对轻松活跃的实践教学氛围和环境影响下，缓解学生的学习压力和教师的教学压力，让学生能更加积极主动地参与学习。当前，业财一体化着重强化了对学生实践能力与理论知识应用水平的提升。因此，在会计实践教学中强化体验式教学，能真正展现学生的主体地位，发挥教师在教学活动中的引导作用，强化师生之间的密切配合与联系。通过课堂实践教学中的师生互动和平等交流，切实激发了学生学习的主观能动性，提高了业财一体化视角下会计实践教学的整体效果。

（二）提升学生的会计实践技能

业财一体化是在当前飞速发展的互联网技术和数据管理平台影响下所产生的新型财务管理理念，旨在充分发挥会计的控制职能，实现企业日常生产经营中各类信息数据的高效

共享，让企业的经营管理信息能实现有效的划分与业务的紧密结合。如果单一依靠传统的会计教学模式，则难以适应当前飞速发展的时代背景。因此，在教学过程中，既要保障学生对理论知识的掌握程度，也要帮助学生全面提升会计财务领域的专业技能。

基于业财一体化视角下应用体验式教学进行会计实践，能扎实提升学生的操作能力，让他们在实践活动中全面提升解决问题的能力，锻炼思维和创新能力，从而逐渐掌握独立思考的能力和技巧，并进一步掌握更加丰富的会计实践技能，为未来的财务会计工作奠定良好的技能基础。在会计实践教学中，教师通过营造体验式教学氛围，也能进一步提升学生的学习效果。

（三）激发学生的创造力

在我国传统的会计教学中，教师大多沿用了传统的教育方法，根据教育目标和教学任务规划教学过程和内容。而在整个教学活动中，学生始终处于被动接受的状态，只需要在学习中紧跟教师的思路，就能实现对知识的了解和掌握，但是这样的教学模式很难帮助学生养成深入思考的习惯，也无法实现理论知识与实践技能之间的良好转化，久而久之，会让学生逐渐在单一僵化的教学环境中失去学习兴趣，影响自身主观能动性和创造思维等综合能力的发挥和形成。

在业财一体化视角下，运用体验式教学方法能充分激发学生的创造力和思维，让学生在体验式教学中感受到学习的兴趣和喜悦，切实增强学习的自信心，进一步实现体验式教学的应有价值。教师在进行教学和引导时，要着重强化对体验式教学情境的创设和引导，让学生始终可以在相对轻松活跃的情境中开展实践和学习，并让学生在实践中激发想象力和创造力，以此助力学生的未来成长和发展，进一步实现会计实践教学整体质量和水平的提升。

四、业财一体化下会计实践教学中的体验式教学的策略

（一）构建会计实践教学的体验式教学情境

基于业财一体化视角下，着力开展体验式教学，需要教师全面构建会计实验教学的体验式教学情境，这也是体验式教学的核心优势和主要价值。体验式教学与其他类型的教学方法存在较大区别，这是因为体验式教学主要强化了情境创设和实践的意义。因此，在会计实践教学中，需要从财务和会计管理人员职业能力的多方面要求出发，始终坚持业财一体化视角和相关处理流程，有效创设教学情境。可从以下三个方面构建情境。

1. 结合不同的工作岗位创设情境

教师在创设体验式教学情境时，可以根据不同的企业财务管理和会计工作岗位进行情境的创设。大多数情况下，我国大多数企业所设置的财务会计管理岗位主要分为出纳岗位和核算岗位，其中，核算岗位中涵盖了往来、成本、税务、总账等多层次的核算工作内容。因此，教师在创设情境时，可以从不同的岗位出发，结合企业的实际发展状况，有效开展情境设计。在此期间，教师要着重强化会计实践教学理论知识与体验式教学情境之间的有机融合，可以让学生在情境中扮演不同的角色进行体验，帮助学生主动探索，从而将理论知识转化为实际工作技能。

2. 结合教学情境合理编制教学体系

会计实践教学教师在开展和应用体验式教学时，需要结合教学情境合理编制教学体系。其中，教学体系不仅包括了对会计实践教学课程的内容、标准、效果等多方面要素的规范和明确，而且可以针对会计实践教学的具体方法、未来预期和完成指标等进行合理预测，并将其作为开展会计实践体验式教学的根本依据和重要参考，同时也可以在教学完成之后依照教学体系内容，对会计实践教学效果和质量进行统一的评估。教师在编制教学体系时，可以参照现有的教学计划和课程标准内容，从会计实践教学的情境出发，强化情境应用的实效性，并在情境创设中，强化规范操作和有效的演示，以此提升学生精益求精的职业道德素养，主动参与解决问题。

3. 明确体验式教学情境创设的要求

在创设体验式教学情境时，教师要不断明确情境创设的具体要求，因为教学情境的整体效果会影响整个会计实践教学良好效果的发挥。与此同时，通过优秀的体验式教学过程，也能增强学生的体验感，起到事半功倍的教学效果。因此，教师在创设体验式教学情境时，必须要做到情境与未来学生职业发展规划和职业活动之间的有效融合，始终坚持高标准和严要求，在日常学习和实践教学中强化对学生的训练和实践操作的把控，让学生能通过分岗位实践和角色扮演充分了解不同岗位和会计业务的具体开展流程，切实实现教学与应用之间的有机联系，通过师生和生生之间的良性互动，强化对学生专业能力和素养的训练与培养。另外，在业财一体化视角下，广泛应用体验式教学，并将其融入会计教学中，也能实现对传统教学方式的有效转变。基于现代化背景下，将教学过程与学生的实际需求和未来岗位需求密切相连，能锻炼学生思维和强化学习体验感。

（二）实现会计实践教学与体验式教学模式的融合

在我国职业教育的发展进程中，要始终强化与市场之间的有效链接，这也是当前职业教育标准中所强调的理论教学与实践教学需各占一半，甚至可以更加重视实践教学的内容。在我国会计职业教育体系发展进程中，越发强化了与市场和企业之间的高效对接。在会计实践教学中，广泛应用体验式教学并实现二者之间的有机融合，既顺应了时代的发展潮流，又是基于业财一体化视角下的必然趋势。因此，在会计实践教学开展过程中，教师可以全方位把握和调整现有的教学内容，着重强化会计实践教学的应有效果，助力学生成长为未来企业和社会需要的会计人才。

1. 会计实践教学课程内实训

在开展会计实践教学时，不能完全凭借企业或校企的合作来推动实践教学效果。因此，在课内进行实训成为会计实践教学的重要环节和基础所在。教师需要结合教学目标的实际要求，有针对性地确定教学内容，并根据不同学习阶段的理论知识点，强化与其相适应的会计实践能力。例如，可以在实践教学中进行单项训练，强化教学的针对性和指向性。另外，促进会计实践教学与体验式教学模式的有机融合，能帮助学生更加及时地理解和感受教学内容和理论知识，切实转变以往教学模式中残留的"说教式""填鸭式"教学模式的弊端。

2. 开展学期专项实践教学

在不同的学习阶段，会计实践教学也会有不同的学习重点和学习内容。因此，教师要有效开展学期专项实践教学，把握好教学的中心环节和重点。主要在每一学期会计领域各类专业课程的学习结束之后，教师要根据不同专业和领域的理论知识，有针对性地创设情境，模仿实践教学场景，并进一步培养学生的会计技能。通过学期专项实践教学，能有效检验学生对本学期或本阶段专业课程理论知识的掌握情况，也能通过实践教学让学生更加系统化、整体化地感知理论知识和内容，更加熟练地应用相关技巧，而教师也可以通过学期专项实验教学，强化和加深学生对本学期涉及的各类理论知识及重点的记忆。

（三）综合运用不同形式的体验式教学实训模式

在业财一体化视角下，会计实践教学与体验式教学的有机融合，能激励学生提升个人能力素养，发展综合职业技能。学生的学习与未来发展不应该被禁锢于校园环境中，在当前飞速发展的市场竞争背景下，会计实践教学更要走出校门，来到社会的大环境中。

因此，加强社会实践并安排好顶岗实习工作，能让学生在实际的工作环境中更加直观、真实地了解当前企业的主要组织形式、财务和会计工作的大概流程，始终强化理论与工作实际之间的有机结合，并且通过顶岗实习等形式，使学生也能更加清晰地感知企业中的竞争压力和工作压力，帮助其了解企业会计工作的繁杂和全面性。在会计实践教学中，学生除了要总结问题、总结经验，还要对自己的顶岗实习经历进行反思，以此促进自身社会阅历、专业技能水平和道德素养的全面提升。

第二节　大数据时代下会计实践教学中的情境模拟教学模式

情境模拟教学法在会计教学中可以弥补实践经验的不足，可以模拟企业的全部财务流程，将会计专业较为抽象和枯燥的内容，转变为直观性较强的具体工作场景。通过实景操作来引导学生进行理论的消化，达到理论、实践、实操三合一的效果。这样的教学模式注重培养学生的实践能力，有利于学生综合素质的提高，发挥学生们学习的主动性，也达到了学校培养的目标。

一、大数据对会计教学的影响

大数据信息化的到来也带来了丰富的教学资源，个性化的教学也成为可能。"大数据时代为会计教学提供了无限的发展空间，主要体现在教学资源可以无限延伸和重新配置。"① 与此同时，在大数据互联网时代下，教师在课堂教学的过程中也可以借助数据的分析，让课堂教学的过程更加精准化。不仅如此，教师在进行实际教学时，也可以利用大数据互联网技术，根据不同学生的学习水平以及知识的接受能力等方面制定有针对性的学习方式，提升学生的学习效率。

二、会计实践教学中运用情境模拟教学法的必要性

（一）提高学生的学习兴趣

当学生刚刚开始学习会计专业课程时，他们通常只具备有关该领域的基础认知。如果学校侧重于传授大量理论知识，学生可能会感到困惑，因为他们很难理解这些抽象概念。随着时间的推移，这种情况可能导致学生跟不上进度，同时失去了对专业学习的兴趣。然而，通过采用情境模拟教学法，学校可以显著提高学生对会计专业的学习兴趣。这种方法通过模拟真实情境，让学生参与实际的案例和问题解决过程，从而加强他们的实际操作技

---

① 李翀，卿玲丽. 大数据时代下的情境模拟教学法探讨——以会计学专业为例 [J]. 当代教育实践与教学研究（电子刊），2018（12）：277.

能。这种教学方法的好处在于它不仅帮助学生理解理论知识，还鼓励他们主动参与，积极解决问题。

通过情境模拟教学，学生能将抽象的概念与实际情境联系起来，从而更好地理解和记忆所学内容。他们可以在模拟的会计环境中应用课堂上学到的知识，这有助于巩固理解和技能。这种亲身参与的学习方法不仅提高了学习的效果，还使学生对学习会计产生了浓厚的兴趣，因为可以看到所学知识在实际工作中的应用。

（二）方便学生适应日后的工作

在实际教学过程中，很多学校确实存在着理论与实践脱节的问题，这导致学生在实际工作中难以应对各种要求，因为实际操作能力有限。然而，情境模拟教学可以为学生提供一个学习实践技能的平台，有助于弥合这一差距。学生可以通过在教学中扮演不同的角色，与同学一起讨论实际工作中可能遇到的问题，这种互动可以让他们积极参与实际问题的解决。

在情境模拟教学中，学生将面临具体的情境，必须运用在课堂上学到的理论知识来解决问题。通过模拟实际工作场景，他们能在相对安全的环境中应对挑战，这有助于增强他们动手解决问题的能力。学生将学会在协作和讨论中改进解决方案，这有助于培养团队合作和沟通技能，这在实际工作中也非常重要。

通过情境模拟教学，学生不仅能理解理论知识，还能将其应用到实际情境中，这为他们未来的职业生涯打下坚实的基础。这种教学方法鼓励学生主动参与，积极思考，同时提高了他们的实践技能，使他们更好地适应未来的工作挑战。

三、会计实践教学中情境模拟教学法的应用策略

（一）构建模拟情境进行部门建设

情境模拟教学法的前提就是进行教学情境的设置，这就需要在课堂上进行公司的建设，以及一些职位的设置。在课堂上对这些职位的日常办公进行模拟，学生在这个情境中扮演解决财会问题的职员。这样的角色扮演不仅可以让学生对于在课本中所学到的知识活学活用，还可以培养团队合作能力和沟通交流的能力。对学生来说，想要扮演好一个角色，也应该对该角色的工作性质和职责进行熟练掌握。会计专业和货币的关系密切，通过这种特定的情境，不仅让学生明确自身的工作流程，还可以培养自身良好的职业道德，意识到自身应该掌握的知识和技能。

在模拟小型公司的时候，首先要模拟小型公司的业务处理环境，在设计环境的时候，也要近似现实的工作环境。在这样的学习氛围中，也可以让学生自觉地进行自身状态的调整，发挥自身学习的积极性和主动性。不仅如此，在这样的办公环境下还可以促使学生积极主动地去思考和处理自己的工作，将理论知识更好地应用于真实情境的问题解决中。

在小型公司建立成功之后，还要进行财务部门职责的建设，职责包括会计核算、资金管理、成本控制以及内部控制。学生也需要在这些不同的职位上扮演不同角色，也要独立地处理业务。这样不同角色的定位，可以让大家在情境模拟的过程中，每个人都可以经历各种不同内容的工作，进行更多职业角色的扮演，熟悉并了解不同岗位的业务流程以及各自的职责。

（二）统筹管理设定情境任务

在情境模拟教学法中，教师位于统筹管理中的位置，对教师来说要进行情境教学大纲的书写，要明确是在什么样的情境下，需要进行哪些道具的布置。在学生进行情境模拟的过程中随时给予学生帮助，帮助他们解决模拟中遇到的问题，并为他们指明正确的方向。学生之间也可以通过情境模式共同学习、沟通交流，激发自身进行自主学习的热情。

教师可以将学生分为几个小组，分别在出纳岗位、材料核算岗位、往来业务核算岗位、会计报告岗位等进行实战训练，让学生在情境模拟的过程中，各自分工，各司其职，同时也需要不断地进行岗位的轮换，让大家共同完成所有的工作任务。这样就可以真正实现理论和实践的结合，学生也掌握了财务知识，提高了财会技能。与此同时，如果学校有一定的条件还可以虚拟建设银行和税务，在选定了哪个学习和练习的情境时，也需要使用标准的会计用品。还可以让学生进行轮岗，每月进行一次考核，最终成绩作为期末的考察成绩。

（三）进行实际工作流程的模拟

在进行实际操作时，教师要让学生从原始凭证开始到最后的报表，每个环节都让学生亲手做账。在进行情境模拟教学时，还要让学生紧密结合企业的实际运作流程，理解企业会计工作的实质。与此同时，教师和学生之间还需要进行互动式教学，以练习为主，强调使用。通过情境模拟教学可以让学生掌握会计操作的基本技能，从建账、填制和审核原始凭证、记账凭证到登记账簿，以及从日常会计核算到编制财务会计报告，熟练地掌握这些内容才能在日后的实习和工作中快速地进入工作状态。

例如，在进行凭证种类教学的时候，可以将一些发票、工资的结算表还有一些报销单等向学生进行展示，让学生进行观察和对比，进行原始凭证以及自制原始凭证的区分，教师再进行一定程度的讲解。在进行会计账簿分类时，需要将相关的账簿和账页展示给学生，并按照不同的划分方式进行提示，学生进行观察后区分账簿种类。学生在进行具体的实物观察之后，进行一定的提问和讨论，再由教师解答。在这样的学习氛围下，学生的学习状态也从死记硬背变成了自主学习、分析、讨论、总结的形式，从而得出结论，增加学生的求知欲。

（四）进行教学评价促进合作探究

在情境模拟教学结束后，学生有机会展示其学习成果，这一过程可以由教师和学生一同参与、评价和检查。这个反馈和互动环节非常重要，因为它有助于学生更好地理解在情境模拟中的表现，同时也提供了改进和成长的机会。

学生可以分享他们在情境模拟中的经验，交流彼此的观点和见解。这种沟通和分享有助于学生更深入地理解问题及其解决方法，同时也促进了团队协作和互相学习。教师可以在学生分享的内容上提供评价和总结，帮助他们认识到自己的优点和不足。

教师的评价也可以包括对学生在情境模拟中遇到的问题的分析，并提供解决方法。这有助于学生改进技能和知识，减少错误和混淆。教师还应该鼓励和表扬学生提出的新方法和创新，鼓励他们积极思考和尝试新的方式来解决问题。

另外，教师和学生可以一起总结情境模拟中使用的关键知识点，将易错、易漏、易混淆的内容进行梳理和总结，以巩固情境模拟教学的成果。这个过程有助于确保学生牢固掌握关键概念，准备好将这些知识应用到实际工作中。通过这种全面的评价和总结，情境模拟教学可以更好地满足学生的需求，提高其学习效果。

（五）运用大数据进行信息化教学

在进行情境教学时，很多数据可以从网络平台寻找，充分调动学生使用网络及移动客户端的动力，去挖掘需要的资源，培养学生对数据的处理能力和建模创新的能力，帮助学生树立管理会计思维，增加新型数据处理工作的使用培训，不断提高学生的学习效率。与此同时，在教学过程中，还可以通过一些微课、视频、图片、动画的制作，将教学内容更加直观地展示出来，从而将枯燥的知识概念进行简化，让学生可以更加容易地接受。除此之外，在处理账务时，教师可以在电脑软件上提前进行一遍流程的操作，这种计算机的模拟展示，让学生可以更加清楚地看到完整的账务处理流程，更加直观地加强学生对账务处理的实践操作能力，将书本中单纯的理论知识进行自身综合能力的转变。与此同时，教师还可以利用慕课平台让学生进行一定的课下练习，教师将相关的练习通过慕课上传，学生根据教师布置的任务相对应地完成，还可以在慕课平台和教师积极地互动，不断地提升自身的专业技术水平，从而保证日后实习和工作可以更好地进行。

第三节　应用型人才培养定位下会计实践教学模式创新

在应用型人才培养定位下，高校会计实践教学模式需要从教学方法、实践教学内容、师资力量、考核方式等方面进行创新，使学生有效掌握会计知识，增强实践技能，从而更好地适应未来的会计职业需求。

一、实训操作模块化

将基础会计实践内容分为会计大小写数字、原始凭证的填制审核、记账凭证的填制和审核、账簿的启用和登记、对账和结账、会计报表的编制等模块，分模块进行授课和练习。

1. 课上集中实训

第一，针对每一个模块，教师先进行知识的讲解，再具体操作演示。例如，针对记账凭证的填制和审核模块，教师可以先讲解记账凭证与原始凭证的区别和联系，再进行记账凭证的填制演示，使学生更加直观和清晰地了解记账凭证的具体填制方法，将会计知识与具体实践内容相联系，更好地理解和运用会计知识。

第二，以能力培养为核心，将理论教学内容与实训教学内容有机结合，将原来的课程与实训课题有机结合，培养学生的专业能力、职业素质和终身学习能力。在理论教学过程中同步实施财务会计单项实训，边教边学、边学边做，使理论知识的学习与实际操作的训练在最短的时间内紧密结合，理论指导实践，实践深化理论，使教学内容更具有针对性，融"教、学、做"为一体，培养学生的会计专业素质。

2. 课下分散练习

教师结合课上学生的学习情况，在平台上布置课下练习作业，并查看学生的掌握情况，征集学生反馈，再次讲解难度较大、容易出错的内容，完善学生的会计实践技能。

3. 课后实践考核

学生在完成课上和课下实训练习后，基本掌握了所学的会计知识和操作，此时可以借助实训平台发布测试题目，在课堂上以测验的形式完成实践考核。学生在实训平台直接操作，在规定时间内提交任务。

二、优化实践教学环境

良好的实践教学环境可以帮助学生更好地进行实践操作，增加实践经验，培养满足社会发展需求的会计应用型人才。因此，学校需要营造完善的实践教学环境，如创建仿真实验室，将教室模拟成财务室，使学生分岗位处理模拟业务，掌握财务系统操作流程，熟悉岗位业务，同时思考和解决实务中遇到的问题，在与教师的交流和团队的协作中探索问题的解决方式，为就业打下良好的基础。

三、完善教学评价体系

教学评价体系可以从同行评价、学生评价、自我评价三方面进行。同行评价主要是教师之间互相听课，并给出分数和听课建议。每个教师都有不同的上课风格和教学经验，不同教师互评，可以优化实践教学。学生评价主要是由学生打分和给出评价建议。教师可以从学生给出的建议中了解学生需求，从学生视角关注其感兴趣的内容和适合其职业和自身发展的方向，从而有针对性地进行课堂设计，帮助学生高效学习。自我评价主要是教师评估自己的教学效果，将实际教学效果和预期效果进行对比，找到需要改良和完善的部分加以优化，从而提高实践教学质量。

总而言之，丰富教学评价体系，从多维度检验实践教学成果，并根据反馈意见加以完善，能不断提高教学质量。

四、应用混合式教学模式

在传统课堂上，教师是课堂的主导者，学生主要依靠教师的讲解进行被动式学习，其吸收知识的效果有限。翻转课堂可以转换教师身份，使之成为学生学习的参与者，围绕学生开展课堂活动，而学生成为课堂的主体，激发其主动探索知识的能力，变被动学习为主动学习。

教师可以在课前给学生发放相关资料，让学生提前阅读。课堂上，由教师介绍课堂主要内容，突出重点、难点。接着，由教师分配学习任务，学生分小组进行讨论、收集资料、探索知识。学生主动汇集知识并思考，一方面可以激发学生的学习兴趣；另一方面可以提高学习效率，更好地消化和吸收知识。学生在学习过程中如果遇到小组无法解决的难题，还可以求助教师。

五、建设"双师型"实践教学队伍

基础会计学教师不仅要有扎实的会计学知识理论，还应该通过参加培训、企业挂职等增加实践技能，将理论与实践相结合。只有这样，才能在教学过程中将实践经验传授给学生，使学生更加容易理解难懂的会计理论知识。同时，也可以聘请经验丰富的企业会计人员参与高校教学，构建"双师型"实践教学队伍，不仅可以为学生分享丰富的实践经验，也可以与高校会计教师之间增进交流，创新会计教学模式。

六、构建企业合作机制，增加实习机会

促进学生更好地就业，就要为学生提供实践机会。由于会计岗位具有特殊性，校外实训基地很难让学生接触真实、完整的会计内容。因此，可以建立企业合作机制，通过与校外企事业单位合作，争取一定数量的企事业单位的支持，帮助学生获得更多实习机会。另外，财会模拟实验室设备提供的单项实训、财务会计岗位实训、财务会计综合实训都是校内的模拟实训，可以将其与校外实训基地相结合，使学生参与账务流程、票据、报税等工作，系统地学习和掌握会计岗位所需的基本技能与专业技术，取得实际工作经验，巩固、综合、强化实践能力，实现学院实践教学、学生岗位素质培养等多项成果。

第六章　多元化视域下会计实践教学研究

第一节　"1+X" 财务数智化视野下的会计实践教学改革

当前，各大财会类院校都开设了综合实践类课程，高校会计实践教学如何与时俱进，如何将这类课程有效地对接"1+X"证书的业务技能，做到既保证学历教育质量，又能加强对学生职业技能的培养，为我国产业结构转移培养更多"大国工匠"，这也是广大财会类教育工作者面临的一项新课题。

一、更新实训教学内容，开展混合式教学模式

在互联网教学趋势下，综合实训课也应改变原来以"教师操作，学生模仿学习"的教学模式，开展混合式教学，依据教学方案，丰富教学内容，设计线上教学模块，借助腾讯会议、云课堂、钉钉、慕课等平台实施线上教学。引入"1+X"证书系列课程，无须安装财务软件，只要有网络，学生就能在各种云课堂、共享平台上一边看直播，一边在实训平台上操作，使得原本离开了实验室就无法开展教学的实验课也能线上教学。课前，教师可以把概念性和程序性的知识内容、案例企业背景、技术前沿等内容通过发布微视频、文档让学生在课前自主学习，学生在网络教学平台中可以提出自己的问题及疑问供大家讨论，任课教师要对这些问题进行引导，收集具有代表性和典型性的问题，对理解有偏差的问题进行讲解，为线下课堂的实施做好准备。在课堂中，教师可以微课、慕课的形式展现软件基本操作，以企业需要解决的现实问题设计实训任务，使学生思考如何通过软件解决现实问题。教师可按工作领域、工作任务设计内容，实现模块化、仿真性教学。课后，学生所有学习行为的数据都记录在平台，教师可以看到这些数据，并据此随时调整自己的教学内容和方式，优化教学活动，真正做到学习效果、教学效果的立体化、可视化。

二、理论与实操课程融合，完善实践课程体系

1. 引入模块化教学模式

进行模块化教学设计，将理论知识与实践活动相结合、学习过程与生产过程相结合，在课程安排上打破理论课程和实操课程分学年学习的常规安排，将理论课，如"会计学"与实操课"会计电算化"课时安排在一学年；将理论课程"成本会计""成本管理会计"与实操课"成本管理会计模拟实验"课时安排在一学年；将"审计"与"审计综合实训"重新整合课时安排在一学年；也可以引入"1+X"证书系列课程，通过课程置换、内容强化、内容补充、深度或广度拓展等方法进行课程融合，如将《财务共享服务》《金税财务应用》《数字化管理会计》职业技能三门课程，替换为《会计电算化》《纳税申报技能训练》《成本管理会计模拟实验》等。通过实操加深学生对基本原理、处理流程方法的理解，熟悉相关的业务和技术。例如，在学习理论课《会计学》的《凭证与账簿》章节时，可以增加手工实训，通过纸质凭证、账簿的查看和示例填写，以及计算机实训练习，使学生对会计有更加感性的认识；在《企业主要经济业务处理》章节中增加计算机实训，学习基础理论知识后，通过计算机实训，练习账务处理的整套流程，构建学生对会计流程的认识。完善实践课程体系建设，深化课程教学改革，优化"双体系"课程体系建设，建立以核心职业技能为中心的模块组合式、技能层进式的专业课程体系。

2. 优化课程设计

课程设计要从业务的综合性、岗位的全方位性和技能的可操作性入手，将岗位工作标准和国家职业资格认证标准加入课程标准中，融入实践课程教学内容。以学生为主导，构建与综合实践课程体系相匹配的素质化课程体系，将财会类实践课程体系设计成覆盖面广、多层次、多样化的自主开放型实践课程。

三、引入应用层次更高的"1+X"业财一体化实践课程

数字经济时代已经到来，如何应对信息技术的挑战，既让学生掌握了理论，又让学生懂业务、懂业务流程，是财会类专业改革面临的一项重要课题。依据"职教20条"和"'1+X'证书制度试点方案"相关要求，院校是"1+X"证书制度试点的主体，要将证书培训内容融入专业人才培养方案中，优化课程设置与教学内容，对专业课程未覆盖的内容或需强化的实训内容开展专门培训。以业财融合的现状为基础，实现模拟全仿真企业经济业务的核算流程，突破传统教学中把业务、财务和税务相分离的弊端。以产业对标、岗位

分析、需求引领、分析提炼形成各个工作领域、典型工作任务、岗位操作技能，开发教材和学习资源，配套实习就业服务，通过云课堂等各种共享平台，为院校"1+X"系列证书教学培训和实训实践提供支撑。院校通过申报 X 证书试点，做好"1+X"证书制度试点师资培训，鼓励教师积极承担证书培训任务，新增大数据财务分析、数字化管理会计、金税财务应用、财务共享服务、财务数字化应用、业财一体信息化应用等"1+X"系列证书课程作为学历教育课程的实训内容，鼓励学生参加考试，"X 证书的学习成果会转化成学分银行学分值，并存入个人学习账户，学习者可以查询学习成果的存储和积累情况，根据需要申请转换学习成果"。

总之，要使学生更好地掌握财务管理的技能，让学生了解业务流程，为认知业财一体化奠定基础，培养职业实战能力，高屋建瓴地参与企业管理。

第二节　可持续发展能力培养下的会计实践教学探析

一、构建"三个结合"的实践教学理念

为了解决实践教学内容结构失衡、考核方式片面化和教学效果不理想等问题，可以构建"三个结合"的实践教学理念：①核算能力培养和财务管理能力培养相结合，逐步实现由核算型向管理型转型；②计算机技术、大数据技术等与会计专业知识相结合；③国际化人才培养理念与会计专业知识相结合。

首先，实践教学要注重学生核算能力与管理能力的培养，并逐渐向管理型转变。会计核算能力是学生未来从事会计工作的基础，只有了解会计核算的原理和过程，才能了解数据的来源，才能找到内部控制的良好方法，才能更准确地做出决策。同时，管理型、分析型会计才是符合时代发展需求的，因此高校会计实践教学要开发完善以培养管理型人才为主的实践教学体系。

其次，大数据时代，信息的收集、处理都离不开计算机和区块链等高新技术，会计从业者要获得可持续发展能力，必须紧跟时代步伐，学习各项新技术、新技能，学会运用新技术处理会计数据，产生有用的会计信息。

最后，随着"一带一路"的建设，我国对外投资、从事对外贸易的企业越来越多，从而对涉外会计人员和国际涉税人员的需求与日俱增。一方面，会计实践教学不仅要包含专业知识还要强化专业英语的知识，提升学生专业英语水平；另一方面，会计实践教学的行

业选择要打破传统以制造业为主的形式，重视以外贸企业为主体的会计实践内容。

二、改革教学内容

首先，对核心专业课程应该增设或完善实训课程，注重分析能力的培养。当前虽然多数核心专业课均设置了课内实训或专项实训，但课内实训以练习题或简单案例的形式为主，不能较好地发挥学生的主导性、创新性，不利于未来职业发展力的培养。教师应该扩充实训内容，增加实训难度，将有一定难度的资料提前发给学生，学生分组讨论或自主查阅资料，课堂进行成果汇报或答疑，不仅能提升学生收集数据、分析数据的能力，还能培养他们的团结合作精神。特别是对《管理会计》《财务管理》等注重财务分析、决策的课程，教师可以让学生收集相应的案例、进行案例分析等形式进行实训练习。

其次，主动适应会计行业变革，重视信息等技术在会计中的应用。比如开设《统计分析》《EXCEL在财务管理中的应用》《大数据分析》等课程，让学生了解信息技术可以与会计的结合，掌握数据收集和数据处理的相关技能，为财务分析、决策管理打下基础。另外，由于"一带一路"倡议的推进，我国对外投资业务获得极大发展，人才需求增加，学校应该注重会计核心课程的双语教学，提高学生专业外语能力。

最后，校企合作，扩充综合实训的行业案例。学校应该积极寻求校企合作，共同开发教学案例，特别是外贸企业和服务类企业案例，增强学生涉外业务的处理能力。通过校企合作，协同育人，为学生提供虚拟仿真的实训软件，增强学生对企业全业务流程的理解。

三、完善实践考核

实践考核是实践教学的关键环节，既是对学生实践能力、专业能力的考核，也是对教学效果的反馈，教师要重视实践考核的设计，力求全面反映学生的学习状况。

首先，教师应该根据每门课程的实践情况，有针对性地设计相应的考核内容。实践课程考核内容的设计既要包含对学生专业应用能力的考核，更要注重对思辨能力、创新能力和协作能力等方面的考核。

其次，实践课程的考核形式可以多样化。只要能代表学生学习情况、体现学生学习效果的内容都可以作为一种考核方式，比如，出勤一定层面上可以代表学生的学习态度，实验报告等书面材料可以体现学生独立思考和专业水平，演示文稿不仅展现通力合作的成果，还可以锻炼学生的表达能力。只要是能全面反映学生真实情况的方式都可以考虑纳入考核的范围。

最后，实践考核要突出过程考核和学生参与考核。对课程的单项实训，要注重过程考核，比如在《会计信息化》课程总账管理模块的学习中，既要关注学生操作情况，及时记录，还要求学生对操作过程中遇到的问题进行记录并反思，培养学生独立思考、发现问题和解决问题的能力。对综合实训课程，不仅要注重过程考核，还要适当地加入学生自评成绩。综合实训一般会分组进行，同学之间可能比教师更清楚每个学生的过程表现，实践总成绩加入一定比例的学生测评会使测评结果更加符合实际。

第三节 基于成果导向教学对会计实践教学进行多元化考核评价

一、成果导向教学认知

成果导向教学（Outcome-Based Education，OBE）是一种教育方法，强调教育过程的目标是为学生提供明确的学习成果，而不仅仅关注教学的过程或课程的内容。"以成果为导向，提高学生学习积极性，让学生认识到学习知识的应用能力，符合现代高等教育发展趋势，培养企业需要的实践型高级人才。"[1] 这个方法的核心思想是在教育计划和实施中，首先要明确地定义预期的学习成果，然后通过教学和评估来确保学生达到这些成果。

1. 成果导向教学的原则

第一，明确的学习成果。成果导向教学首先要求明确地定义学习目标和成果。这些成果通常包括知识、技能、态度和价值观等方面。这些目标应该具体、可量化，并与实际需求相关。

第二，教学与评估的一体化。教育过程中的评估活动应该与学习目标和成果密切相关。评估方法应该被设计成能测量学生是否达到了所期望的成果。评估不仅是检验学生成就的手段，还可以为教学提供反馈，以便调整教育策略。

第三，个性化学习。成果导向教学鼓励关注学生的个体差异，以满足不同学生的需求。这意味着根据学生的进展和需求调整教学方法和资源，以确保每位学生都能实现预期的学习成果。

2. 成果导向教学的优势

第一，实际能力培养。成果导向教学强调学生的综合素质和实际能力，使他们更好地准备面对现实生活和职业挑战。学生不仅是知识的传授者，还是能应用所学知识的实际行动者。

---

①杨扬. 成果导向教学理念的研究与探索 [J]. 民营科技，2016 (12)：224.

第二，教育质量提升。通过明确地定义学习成果，评估学生的表现，以及不断改进教育过程，成果导向教学有助于提高教育质量，确保学生获得有价值的教育。

第三，学生参与和自主学习。成果导向教学鼓励学生参与自己的学习过程。他们可以参与制定学习目标，自我评估和参与课程设计的决策，从而增强学生的学习动力和责任感。

二、基于成果导向教学的多元化考核评价

会计实践教学考核，除了要考核学生的专业技能知识，还要兼顾考核学生的职业素养与人文素养。尤其是实践教学考核评价体系仍旧存在较大的问题，亟待进行改革与创新，以便于切实提高会计专业实践教学质量。所以，应基于成果导向教学对会计实践教学实施多元化考核评价。这是因为成果导向教学评价主要将关注的焦点放在学习成果上，而不是教学内容、学习时间、学习方式上。而多元化考核评价标准恰恰是成果导向的一个重要特点，强调在于学习成果的内涵、个人的学习进步，而不在于学生与学生之间的比较。基于成果导向教学的多元化考核会赋予学生不同的评定等级，并根据学生学习状态的掌握，成为会计实践教学改革的有益参考。具体来讲，可以将学生的学习进度划分成不同的阶段，并且根据每一个阶段制定出相应的学习目标，这些学习目标可以从初级开始。而这么制定学习目标的根本目的就是让不同学习能力的学生，通过不同的时间、不同的途径、不同的方法，达到统一的教学目标。

在会计实践教学过程中，会计教师可以在每一个实验小组中选择一个代表负责本小组的实时实训情况展示，在此期间各个小组的成员要进行互评与自评，最终成绩则由教师评价、学生自我评价、小组评价这三个方面组成。尤其是学生在学习成长过程中的态度、日常所获得的成绩均要纳入学业成绩档案之中。并且在阶段性成绩考评与期末成绩考评上，要将日常所获得的成绩纳入其中。这是因为通过对学生学习成长的关注，能充分调动学生的学习自律性，有效激发其学习积极性，取得更为良好的教学成效。

参考文献

[1] 朱丽娜. 浅谈如何有效地学习会计学基础 [J]. 亚太教育, 2015 (5): 34.

[2] 裴真. 浅谈会计信息质量要求之谨慎性原则 [J]. 农村经济与科技, 2021, 32 (6): 133.

[3] 赵晓艳. 浅谈会计凭证的审核 [J]. 东方企业文化, 2011 (4): 32.

[4] 靳玉慧. 会计人员加深对账簿的认识研究 [J]. 中国经贸, 2015 (5): 210.

[5] 吴敏, 林波. 基础会计 [M]. 上海: 上海财经大学出版社, 2018.

[6] 王蕾, 赵若辰. 基础会计 [M]. 上海: 立信会计出版社, 2021.

[7] 罗鹏. 中小企业外贸业务成本核算相关问题分析 [J]. 会计之友, 2011 (14): 73.

[8] 王志宏. 公允价值的引入对企业核算的影响 [J]. 会计之友, 2007 (35): 33.

[9] 李翀, 卿玲丽. 大数据时代下的情景模拟教学法探讨——以会计学专业为例 [J]. 当代教育实践与教学研究 (电子刊), 2018 (12): 277.

[10] 杨扬. 成果导向教学理念的研究与探索 [J]. 民营科技, 2016 (12): 224.

[11] 唐锋, 周燕玲, 谭雪燕. 《基础会计》课程思政教学建设与实践探索 [J]. 商业会计, 2022 (6): 127-129.

[12] 高金玲, 於流芳. 普通高校财务管理专业基础会计实训实践教学探讨 [J]. 商业会计, 2014 (23): 118-119, 120.

[13] 王晓薇. 高职《基础会计》实践性教学研究 [J]. 教育与职业, 2006 (15): 168-170.

[14] 金艳威. 基于会计基础规范管理的实践研究 [J]. 中国商论, 2018 (26): 147-148.

[15] 王志辉. 会计职业基础课程教学改革的探索与实践 [J]. 商业会计, 2019 (11): 117-120.

[16] 司玉娜, 李海霞, 张晓龙, 等. 线上线下混合式教学模式在基础会计教学中的探索与实践 [J]. 商业会计, 2021 (2): 108-111.

[17] 王文华, 赵泽敏, 王桂梅, 等. 高职《基础会计》课程"教学做"一体化的实践

[J]. 职教论坛, 2011 (5): 51-52, 55.

[18] 李婉琼, 万新焕. 混合式教学模式下的基础会计学课程教学活动设计与实践——基于云班课平台 [J]. 商业会计, 2021 (3): 127-129.

[19] 赵敏, 沃健, 梁飞媛.《基础会计》课程教学范式的实践与探索 [J]. 会计之友, 2011 (19): 123-125.

[20] 耿晓霞. 高等学校会计基础工作实践探讨 [J]. 教育财会研究, 2019, 30 (5): 85-89.

[21] 周琼芳, 李国兰, 徐鸿. 基础会计理论与实践教学探讨 [J]. 重庆工学院学报, 2005, 19 (7): 137-139.

[22] 秦红霞. 构建《基础会计》理论与实践教学一体化的教学模式探讨 [J]. 商业会计, 2015 (9): 118-120.

[23] 许燕萍. 基础会计教学方法的创新与实践 [J]. 商业会计, 2012 (18): 115-117.

[24] 王世海, 施玖芳. 基础会计教学中的多媒体应用技巧 [J]. 会计之友, 2010 (13): 116-117.

[25] 孙志洁.《基础会计》课程模块教学设计与实践 [J]. 财会月刊 (理论版), 2010 (3): 108-109.

[26] 游静, 陈婉丽, 钟灵. 基础会计课程线上线下结合教学改革研究 [J]. 商业会计, 2020 (16): 100-102.

[27] 干红芳. 高职会计基础课程"双证融合"教学模式探索 [J]. 商业会计, 2017 (8): 116-118.

[28] 康元萍. 浅谈企业管理会计的若干基础工作 [J]. 商业会计, 2016 (19): 107-109.

[29] 李孟浩. 非会计专业基础会计课程教学方法思考 [J]. 商业会计, 2016 (23): 117-118.

[30] 姜明. 高级会计的理论基础和实践发展的探讨 [J]. 财会研究, 2004 (5): 29-31.

[31] 李安娟. 高校会计基础工作规范存在的问题及对策 [J]. 商业会计, 2014 (8): 87-88.

[32] 梅梅. 学习者视角下《基础会计》教学: 问题及应对策略 [J]. 职业技术教育, 2014, 35 (17): 55-56.

[33] 赵卫红. 浅析如何强化会计基础工作 [J]. 中国商贸, 2013 (19): 131-132.

[34] 刘春萍. 项目教学法在高职"基础会计"课程中的应用 [J]. 教育与职业, 2011 (26): 142-143.

[35] 刘东华."基础会计"精品课程建设与探索 [J]. 会计之友，2008（5）：62-63.

[36] 秦国华，杨西平，李爱琴，等. 基础会计学课程建设及教学改革的探索 [J]. 高等农业教育，2008（5）：64-66.